AI와 영어 교육

AI문고

인공지능 시대입니다. 기계가 인간의 인지를 대신하고, 사물이 인간을 통하지 않고 다른 사물과 직접 커뮤니케이션합니다. 이에 따른 인간 삶과 문명 변화를 정확히 이해·예측·대응하는 것은 이 시대 우리 모두의 과제입니다. AI문고는 인공지능 기술과 환경의 여러 주제를 10가지 키워드로 정리합니다. 관련 개념과 이론, 학계와 산업계의 쟁점, 우리 일상의 변화를 다룹니다. 인간과 기술의 현재, 미래를 세심히 분석합니다.

일러두기

- 인명, 작품명, 저서명, 개념어 등은 한글과 함께 괄호 안에 해당 국가의 원어를 병기했습니다.
- 외래어 표기는 현행 어문규정의 외래어표기법을 따랐습니다. 다만 '딥러닝', '딥마인드', '딥페이크' 등은 관행을 따랐습니다.

처음이세요?

전문가세요?

AI와 영어 교육

한수미

대한민국, 서울, 커뮤니케이션북스, 2024

AI와 영어 교육

지은이 한수미
펴낸이 박영률

초판 1쇄 펴낸날 2024년 12월 23일

커뮤니케이션북스(주)
출판 등록 2007년 8월 17일 제313-2007-000166호
02880 서울시 성북구 성북로 5-11
전화(02) 7474 001, 팩스(02) 736 5047
commbooks@commbooks.com
www.commbooks.com

ISBN 979-11-7307-262-8 03500

책값은 뒤표지에 표시되어 있습니다.

차례

인공지능 영어 교육으로의 대전환

인공지능(AI, Artificial Intelligence) 영어 교육으로의 대전환이라는 주제를 다루는 이 책은 AI가 어떻게 현재와 미래 영어 교육을 재정의하고 있는지 탐색한다. 최근 AI 기술의 급속한 발전은 전 세계 교육 시스템에 혁명적인 변화를 요청하고 있는데, 특히 AI 기술을 활용한 개인 맞춤형 교육 도구의 발전은 교육의 미래를 크게 변화시킬 잠재력을 가지고 있다. 칸아카데미(Khan Academy)의 칸미고(Khanmigo)와 구글의 노트북LM(NotebookLM) 등은 교수 학습 보조 도구인 'AI 보조 교사' 또는 'AI 튜터'의 등장을 예고하고 있다. 이러한 혁신적인 AI 도구는 교수 학습 내용과 학생들의 학습 스타일과 성취 정보를 정밀하게 분석하여 개인 맞춤형 학습 경험을 제공함으로써, 전통적인 교실 학습 방식을 변화시킬 것이다(한국교육학술정보원, 2023).

영어 교육에 AI 기술이 도입될 경우, 그 교육적 효과는 매우 높다. 개별 영어 학습자의 발음, 문법, 어휘 사용을 정확히 분석하여 적절한 피드백을 제공할 수 있다. 이를 통해서 학습자가 자신의 약점을 정확히 파악하고 개선할 수 있도록 돕거나, 학생들의 진도와 반응을 추적하여 그들에게 가장 적합한 학습 자료와 과제를 제공하게 된다. 한편, AI 기술의 도입은 영어 교사에게도 도움을 줄 수 있다. AI가 단순 반복적이거나 기초적인 영어 학습 지도를 맡음으로써, 영어 교사는 학생들과 더 깊이 있는 상호작용을 할 수 있고, 창의적이고 비판적인 사고를 촉진하는 학습에 더 많은 시간을 할애할 수 있다. 글로벌 이슈에 대한 문제 해결형 프로젝트 수행을 지도하거나, 영어 소설 등을 깊이 있게 읽고 토론하고 글 쓰는 수업을 진행함으로써, 학생들의 분석력과 비판적 사고 능력을 발달시키는 데 중요한 역할을 할 수 있다.

관건은 AI 기술을 어떻게 영어 교육과 효과적으로 접목할 것인지에 달려 있다. 영어 교육자는 AI 기술이 학습 과정을 어떻게 촉진하고 학생들이 언어를 보다 효과적으로 사용하도록 도울 수 있는지에 대한 균형 있는 접근 방식을 끊임없이 연구하고 실험해야 한다. 즉, AI 기술이나 도구가 영어 학습을 대신해 주는 것이 아니라, 실제적인 영어 학습과 영어 능력 향상이 일어나도록 지원하고 보조하는 역할을 해야 한다.

AI 시대, 영어 교육의 본질과 방향

2016년~2017년 당시 대학에서 영어 수업을 담당하는 교강사들의 공통된 고민은 구글 번역기(Google Translate) 사용을 금지할 것인가, 허용할 것인가였다. 미국과 한국의 대학에서 영작문 수업을 여러 해 동안 진행해 온 저자 역시 이러한 고민에서 자유롭지 못했다. 당시 자동 번역기 사용을 전면적으로 금지한다는 것은 기술이 광범위하게 접근 가능하고 통합된 현실에서 실행하기 어려운 점이 있었다. 학생들이 수업 시간이나 과제 수행 시에 비공식적으로 자동 번역기를 사용하는 경우가 빈번했지만, 한편으로 영어 학습을 지원할 수 있는 교육적 도구로서의 잠재력이 있었기 때문이었다.

자동 번역기를 사용할 경우, 학생들이 자동 번역 기술을 활용하여 쉽게 문장을 구성할 수 있다는 장점이 있는 반면, 지나치게 기술에 의존하게 되면 학생들이 언어의 구조, 문법, 어휘 사용에 대한 깊은 이해를 얻기보다는 과제 수행 결과에 만족하고 스스로 영작문을 시도하지 않으려고 할 수 있다는 문제점이 발생할 수 있다. 이는 교육의 목적인 학생들의 독립적인 사고와 문제 해결 능력을 키우는 것을 방해한다.

최근에는 구글 번역기, 딥엘(Deep L) 등의 자동 번역기가 영어 표현이나 문법 수정 등을 돕는 글쓰기 보조 도구로 영어 학습에 두루 사용되고 있다. 영작문에서 내용(content)과 구조(organization) 등에 먼저 집중하고, 이후 영어 사용(language) 부분에 자동 번역기의 도움을 받는 것이다(Kim & Han, 2023). 더 나아가, 자동 번역기에 대한 관심이 이제는 챗지피티(ChatGPT)나 제미나이(Gemini) 등의 생성형 AI 도구 활용으로 옮겨 가고 있다. 이러한 AI 도구들은 단순한 번역을 넘어서 글쓰기 과정 자체를 돕고, 텍스트 생성 및 제안을 통해 글의 스타일과 내용을 개선하도록 돕기 때문에, 영어 학습에 미치는 영향이 더 크다. 이는 AI 기술을 단순한 수정 도구로 사용하는 것에서 창조적이고 상호작용적인 학습 과정의 일부로 통합하는 변화를 나타낸다.

기술의 발전은 항상 기존의 영어 학습 방법에 도전해 왔다. 앞으로 AI 도구가 영어 교육 환경에서 더욱 진화함에 따라, 이러한 기술을 학습 환경에 어떻게 통합할지를 지속적으로 재평가하는 것이 우리의 과제일 것이다. 이를 위해서 영어 교육의 목적과 본질을 명확히 하며, 기술의 변화를 가장 효과적으로 수용하는 방안을 끊임없이 강구해야 한다.

AI 시대, 영어 교육 정책과 과제

최근 몇 년 동안 한국의 영어 교육은 사회적, 정책적 이유로 많은 변화를 겪어 왔고, 결과적으로 영어 학습 수요가 감소하고 있다. 특히 2018년부터 대학수능시험에서 영어 과목이 절대평가로 전환되고, 수능과 EBS 교재 내용의 연계 출제 방식이 도입되면서, 학교뿐만 아니라 사회적으로도 영어 학습의 중요성 인식이 약화하였다. 그러나 수능 영어 절대평가 체제를 도입하면서 목표했던 의사소통 중심의 영어 교육과 영어 사교육 경감은 요원하기만 하다. 현재의 수능 영어 시험은 여전히 의사소통의 핵심 능력인 영어 말하기와 쓰기를 평가하지 않는다. 또한, 최근의 영어 유치원 열풍 현상에서 보듯 사교육비 부담 경감 효과가 없다는 연구 결과 또한 주목해 볼 필요가 있다(이영식, 2019; 이용원 · 한수미, 2021).

현재 수능에 영어 절대평가 체제를 도입하고 영어 교육을 축소함에 따라, 정책 입안자와 일반 대중, 학생들 사이에서 영어 학습의 필요성에 대한 의문이 제기되고 있다. 다양한 생성형 AI 도구의 등장은 이러한 인식을 더욱 강화하고 있다. 결과적으로 수능 영어 절대평가 체제로 인한 영어 학습 수요 감소는 우리나라 초중고 학생들과 미래 세대의 영어 능력 저하라는 부정적 결과를 초래할 것이다(이용원 · 한수미, 2021; 이용원 외, 2020).

국제 교육 기업 EF 에듀케이션 퍼스트(EF Education First)는 매년 100개 이상의 국가 및 지역에서 비영어권 성인을 대상으로 한 영어 테스트를 실시하고, 영어 능력 지수(English Proficiency Index)를 발표하는데, 동아시아가 4년 연속 영어 능력 지수의 하락세를 보였다. 일본과 중국 또한 영어 능력이 급격하게 하락했고, 한국도 2018년 31위에서 2023년 49위로 크게 추락했다. 이는 라틴아메리카의 지속적인 향상과 유럽, 아프리카의 안정적 수준 유지와는 대조적이다. 이러한 영어 격차(English Divide)는 국가 경쟁력과 직결되는 중요한 문제다.

따라서 한국의 영어 교육 정책이 글로벌화에 효과적으로 대응하기 위해서는 영어 교육의 질과 접근성을 개선하는 노력이 필요하다. 이때 AI 기반 영어 교수 학습 프로그램은 게임 체인저(Game Changer)의 역할을 할 수 있다. 이러한 접근을 통해 AI 시대에 걸맞은 혁신적이고 효과적인 영어 교육 체계를 구축할 수 있을 것이다.

이 책의 구성

이 책은 지난 20년간 영어 교육 분야에서 데이터 기반 영어 교육과 교육 공학 연구를 진행해 온 저자의 경험을 기반으로 하여, AI와 영어 교육 관련 10개의 주요 주제에 대한 심층 분석을 담았다. 데이터와 실제 사례를 통해 AI와 영어 교육의 결합이 어떻게 교육 현장을 변화시킬 수 있는지 분석하고, AI 기반 영어 교육의 미래 방향성을 제시함으로써, 교육자와 학습자, 학부모, 그리고 정책 입안자 모두에게 유용한 지침과 통찰을 제공하리라 본다.

구체적으로, 1장에서는 AI 시대에 왜 영어 교육이 필요한지를 글로벌 전문가 양성과 사고의 확장을 통해서 살펴보았다. 기술에 도움을 받지만, 이에 의존할 경우 초래할 수 있는 인간 사고력의 퇴보 등을 논하면서 '영어 학습'의 중요성을 논했다. 2장에서는 이러한 영어 교육 중요성 인식의 차이로 인한 영어 격차 현상을 영어 유치원 인기 현상과 함께 살펴보았다.

3장부터 5장에서는 최신 영어 교육과 관련된 정책과 기술적 이슈를 다루었다. 3장에서는 한국 영어 교육에 중요한 변화를 가져올 2022 개정 영어과 교육과정에 대해 논의하였으며, 이 교육과정의 목표인 '의사소통 역량'을 강화하기 위한 주요 사항들을 검토하였다. 또한 최근 뜨거운 쟁점인 'AI 디지털 교과서'에 대한 찬반 의견을 분석하여 그 논점을 살펴보았다. 4장에서는 AI 기반 교수 학습 기술의 도입이 대학 수능 영어 평가에 미칠 영향을 논의했다. 구체적으로, 형식상 절대평가인 대학 수능 영어 평가의 문제점을 진단하고, 향후 AI 기술을 활용한 미래의 영어 평가 시스템을 예상해 보았다. 5장에서는 자동 언어 평가의 발전 배경을 살펴보며, AI 기반 자동 영어 평가 연구의 현황과 앞으로 해결해야 할 과제를 논의했다. 자동 영어 평가의 기술적 발전이 영어 교수 학습 평가에 미칠 영향을 분석하고, 이러한 평가 방식이 더 효과적이고 공정하게 활용될 수 있도록 추가적인 연구와 개선이 필요한 부분들을 제시했다.

6장에서는 글로벌 영어 교육 트렌드의 사례로 국제 바칼로레아(IB, International Baccalaureate)와 미국 세인트존스대학의 그레이트 북스(Great Books)를 분석했다. 이 두 혁신적인 교육 방식의 출현이 지니는 의미를 파악해 보고, AI와 같은 기술 발전으로 인해 놓칠 수 있는 영어 교육의 질적 향상과 학습자의 전인적 성장을 위한 교육적 혁신을 모색했다.

7장에서는 AI 시대 영어 교사에게 필요한 디지털 역량을 디지털 리터러시(Digital Literacy), 데이터 리터러시(Data Literacy), 인공지능 리터러시(AI Literacy)로 구분하여 제시했다. '교육의 질은 교사의 질을 넘어서지 못한다'는 말처럼, AI 기반 교수 학습에 대한 교사의 역량이 교육의 성공 여부에 결정적인 역할을 할 것이다. 따라서 영어 교사의 AI 전문성이 위의 세 가지 역량을 통해서 어떻게 발현될 수 있는지를 논의했다.

8장과 9장에서는 각각 AI 기반 인기 영어 학습 앱과 효과적인 영어 학습 방법을 실제 사례를 바탕으로 다루었다. 8장에서는 최신 생성형 AI 기술을 적용한 인기 앱과 프로그램을 조사하고 분석했으며, 이를 통해 AI 기술이 영어 학습에 어떻게 활용되고 있는지를 파악했다. 9장에서는 AI 시대에 적합한 영어 학습 태도와 자세를 살펴보고, 실제 사례를 통해 AI 영어 학습 도구의 효과적인 활용 방안과 지도 방법을 심층적으로 분석했다.

마지막으로, 10장은 AI로 구현하는 하이터치 하이테크 영어 교육의 의미와 미래 영어 교육을 위한 제언을 다루었다. 학생, 교사, 그리고 AI 역할을 구체적으로 살펴보고, 영어 교육의 질과 학습 효과 향상을 위해서 어떠한 노력이 필요한지를 논의했다.

AI를 통한 한국 영어 교육의 재도약

AI 시대, 한국 영어 교육의 미래는 밝다. 영어 교육의 본질에 대한 재탐색, 정책적 지원, 그리고 혁신적인 교수 학습법 개발을 위한 연구 등에 영어 교육 관계자들의 지속적인 관심과 노력이 더해진다면, 한국 영어 교육의 재도약은 충분히 가능할 것이다. 이 책을 통해 AI와 영어 교육의 융합이 열어갈 미래에 대한 심도 있는 논의와 새로운 가능성을 함께 탐색할 수 있기를 희망한다.

참고문헌

이영식(2019). 대학 수능 영어시험 절대평가 실시: 정치적 맥락에 의해 좌우된 시험의 사례. ≪영어교육≫, 74(2), 3-25쪽.

이용원 외(2020). 수능 영어 절대평가 도입 전후의 대학영어교육 변화 추세에 대한 연구. ≪영어영문학≫, 66(4), 807-846쪽.

이용원·한수미(2021). 수능 영어 등급과 대학수학능력과의 관계—대학생 인식 설문조사.≪영어영문학21≫, 34(4), 419-452쪽.

한국교육학술정보원(2023.11). AI 디지털교과서 개발 가이드라인. https://www.keris.or.kr/main/ad/pblcte/selectPblcteETCInfo.do?mi=1142&pblcteSeq=13722

EF Education First.(2023). https://www.ef.co.kr/epi/

Kim, M. & Han, S.(2023). A case study on integrating machine translation into EFL writing instruction: Focusing on google translate. *Korean Journal of English Language and Linguistics,* 23, pp.1111-1135.

01
AI 시대, 영어 교육의 필요성

이제 영어 교육은 단순한 언어 습득을 넘어서, 글로벌 커뮤니티에서의 생존과 번영을 위한 필수적인 도구로 자리 잡고 있다. AI 시대에 영어 교육은 더욱 중요해지며, 이를 통해 개인의 능력은 물론 국가의 국제적 경쟁력 강화에도 기여할 것이다. AI 시대, 영어를 위해서 AI가 영어 교육에 필요한 이유와 그로 인해 예상되는 변화들을 살펴보았다. AI 기술의 통합은 이러한 변화를 가능하게 만들며, 앞으로의 영어 교육은 더욱 효과적이고 포괄적이며 개인화된 경험을 제공할 것이다.

AI와 1인 창업?

글로벌 전문가 양성을 위한 영어 학습

AI 시대에 영어의 필요성에 대한 의문이 제기되고 있지만, 영어는 우리의 미래에 여전히 중요한 역할을 할 것이다. 영어는 글로벌 비즈니스, 과학 연구, 국제 관계 등에서 필수적인 소통 수단으로 자리 잡고 있다. 한국 기업들도 국제 시장에서 경쟁하기 위해 영어가 필요하며, 해외 유학이나 글로벌 기업에서의 경력을 목표로 할 때도 영어는 필수적인 역량이 된다. 글로벌 네트워킹과 협업이 중요한 현대 사회에서 영어 능력은 다양한 배경의 사람들과 협력하고, 글로벌 프로젝트에 참여할 수 있는 능력을 제공함으로써, 개인의 성장뿐만 아니라 국가 차원의 경제적, 문화적 경쟁력을 강화하는 데도 기여하기 때문이다.

무엇보다도 특정 분야의 글로벌 전문가를 길러 내기 위해서 AI 시대에도 영어의 역할은 매우 중요하다. 많은 전문 분야에서 최신 연구 결과나 기술 자료가 영어로 작성되고 있으며, 글로벌 학술 커뮤니티에서의 소통 역시 영어를 통해 이루어지기 때문에, 영어를 잘 이해하고 활용할 수 있는 능력은 해당 분야의 지식을 깊이 있게 습득하고, 국제적 무대에서 경쟁력을 갖추기 위한 필수 요소가 된다. 즉, 영어는 단순히 정보를 이해하는 도구를 넘어서, 글로벌 네트워킹과 협업의 중요한 매개체로 작용한다. 국제 학회 발표, 논문 작성, 해외 연구 기관과의 협업 등에서 영어는 필수적이며, 이를 통해 자신의 전문성을 널리 알리고 더 큰 기회를 얻을 수 있다.

이를 볼 때, AI 시대의 영어 교육은 일반 교양인을 위한 영어 교육과 전문가 양성 영어 교육으로 진행되리라 본다. 전자의 경우, 자동 언어 번역기 등의 생성형 AI 도구를 일상에서 활용하는 데 초점을 맞춘 기초 교양 수준의 영어 교육이 필요할 것이다. 후자는 특수한 산업 분야의 전문가를 양성하는 영어 교육으로, 이때 영어 능력은 글로벌 경쟁력을 갖춘 전문가로 성장하는 데 핵심 요소가 된다. 이러한 영어 교육 분야를 특수 목적 영어(ESP, English for Specific Purposes)로 일컫는데, 항공 영어(Avian English), 의료 영어(Medical English), 공학 영어(Engineering English) 등이 있다. 전문가를 길러내는 특수 목적 영어 교육은 각 분야의 전문 지식과 함께, 그 분야에서 요구되는 영어 소통 능력을 강화하는 데 중점을 두어야 한다. 이러한 교육은 해당 분야에서의 글로벌 협력, 연구, 의사소통 등을 가능하게 하며, 궁극적으로는 국제적인 경쟁력을 갖춘 전문가로 성장하는 데 중요한 역할을 할 것이다(Paltridge & Starfield, 2013).

외국어 학습을 통한 사고의 확장

외국어 학습은 단순히 새로운 언어를 습득하는 것을 넘어, 뇌의 유연성을 강화하고 창의적인 사고를 촉진하는 중요한 역할을 할 수 있다. 예를 들어, 한국인은 외국어인 영어를 배우는 과정에서 다양한 문화적 맥락과 사고방식을 접하게 되며, 이는 문제를 다양한 관점에서 접근하는 능력을 길러 줄 수 있다(Hong et al., 2000).

특히 외국어 학습의 유용성은 이중 언어 사용(Bilingualism) 연구에서 두드러지게 나타난다. 이중 언어 사용이란 두 개의 언어를 구사할 수 있는 능력을 의미하는데, 이는 한 사람이 두 개 이상의 언어를 일상적으로 사용하고 이해할 수 있는 상태를 말하며, 이중 언어 사용자는 상황에 따라 두 언어를 자유롭게 전환하며 사용할 수 있다(Paltridge & Starfield, 2013). 바이어스하인라인(Byers-Heinlein)과 루윌리엄스(Lew-Williams)(2013)는 어린 시절의 이중 언어 사용의 장점으로 아동의 사회적 이해 능력의 향상, 인지적 유연성 강화, 기억력 향상을 밝혀냈다. 우선 이중 언어 아동은 다양한 관점, 생각, 욕구, 의도를 이해하는 능력이 뛰어나다(Bialystok & Senman, 2004; Goetz, 2003). 또한, 이중 언어 화자들은 활동 전환(예를 들어, 한 작업에서 다른 작업으로 전환하는 능력)과 학습된 반응 억제(즉, 이전에 학습한 반응을 억제하고 새로운 반응을 선택하는 능력) 과제에서 단일 언어 사용자들보다 약간 더 나은 성과를 보이거나(Bialystok et al., 2012), 특정 기억력 과제인 정보를 일반화하는 능력에서 이점을 보인다(Akhtar & Menjivar, 2012).

이처럼, 두 언어를 사용해야 하는 인지적 부담감 증가와 같은 단점에도 불구하고, 모국어 외에 다른 언어를 함으로써 얻는 장점은 상당하며, 이는 외국어 학습의 필요성을 뒷받침하는 중요한 근거가 된다. 앞으로 AI 도구의 발전으로 번역과 의사소통이 점점 더 자동화되겠지만, 외국어 학습은 여전히 중요한 학습 과정으로 남을 것이다. 왜냐하면 AI 도구가 편리함을 제공하더라도, 외국어 학습을 통해 얻는 인지적 유연성과 창의적 사고 능력은 대체될 수 없기 때문이다.

AI를 활용하는 융합 영어 교육

외국어 학습의 사회적 그리고 인지적 이점을 극대화하기 위해서, AI 도구를 효과적으로 활용하는 융합적 영어 교육 방안을 개발해야 할 것이다. AI에 의존한다면 단기적으로 편리할 수 있지만, 장기적으로는 언어적 능력과 뇌의 인지적 유연성을 약화할 위험이 있다. 또한 번역기가 제공하는 번역은 여전히 미묘한 뉘앙스와 문화적 배경을 정확히 전달하기 어려우며, 복잡한 문제 해결과 창의적 사고를 위해서는 언어적 이해가 필수다.

반면에 AI를 활용한 외국어 학습은 학습자의 수준과 필요에 맞춘 맞춤형 교육을 제공하여, 학습 효과를 극대화할 수 있다. 반복 학습과 실시간 피드백을 통해 학습자의 언어 능력을 체계적으로 강화하며, 이러한 과정은 뇌의 유연성을 높여 학습된 내용을 더 오래 기억하고 유연하게 활용할 수 있게 한다. 또한 AI 도구는 다양한 문화적 맥락과 예시를 제공하여 학습자가 언어뿐만 아니라 그 언어가 사용되는 문화적 배경과 관점까지 이해하는 데 활용할 수 있다.

앞으로 영어 교육 관계자들은 AI 도구를 보조 학습 도구로 효과적으로 통합하고, 학습자들이 언어적 능력을 깊이 있게 발전시킬 수 있도록 지원하는 교육 전략을 개발해야 한다. 특히 AI의 장점을 활용하여 개인 맞춤형 학습 환경을 제공함으로써, 학습자들이 주도적으로 학습할 기회를 확대하는 데 초점을 맞추는 것이 무엇보다도 중요할 것이다.

참고문헌

Akhtar N. & Menjivar, J. A.(2012). Cognitive and linguistic correlates of early exposure to more than one language. In Benson J. B. (ed.). *Advances in Child Development and Behavior,* 42, pp.41–78.

Bialystok, E. & Senman, L.(2004). Executive processes in appearance–reality tasks: The role of inhibition of attention and symbolic representation. *Child Development,* 75(2), pp.562–579.

Bialystok, E., et al.(2012). Bilingualism: consequences for mind and brain. *Trends in Cognitive Sciences,* 16(4), pp.240–250.

Byers–Heinlein, K. & Lew–Williams, C.(2013). Bilingualism in the early years: What the science says. *Learn landsc,* 7(1), pp.95–112.

Goetz, P. J.(2003). The effects of bilingualism on theory of mind development. *Bilingualism: Language and Cognition,* 6(1), pp.1–15.

Hong, Y. Y., et al.(2000). Multicultural minds: A dynamic constructivist approach to culture and cognition. *American Psychologist,* 55(7), pp.709–720.

Paltridge, B. & Starfield, S.(Eds.).(2013). *The Handbook of English for Specific Purposes (Vol. 592).* Boston: Wiley–blackwell.

Rohila, B. & Malika, D.(2024). The benefits of learning English as a second language. *Formation and Development of Pedagogical Creativity: International Scientific–practical Conference, (Belgium).* 5, pp.10–13.

02
영어 유치원 열풍과 영어 격차

AI 시대, 영어 유치원의 열풍 현상은 어떻게 설명할 수 있을까? 영어 유치원의 인기와 관련된 상반된 시각은 결국 사회적 불평등을 심화할 수 있다는 우려로 이어지며, 영어 격차가 계층 간 격차를 더욱 고착화할 수 있다는 지적도 제기되고 있다. 영어 유치원과 관련된 주요 이슈를 뉴스 기사를 통해서 살펴보고, 그 현상이 사회 전반에 미치는 영향을 분석해 보았다.

AI와 MBTI?

영어 유치원이란

'일유'냐 '영유'냐? 저자가 지난겨울 아들의 유치원 선택을 위해서 몇 달간 했던 고민이다. '일유'는 일반 유치원으로 국공립이냐 사립이냐로 나뉘고, '영유'는 영어 유치원을 일컫는데, 사실은 유아 대상 영어 학원으로 분류된다. 대표적인 프랜차이즈로 서강 SLP, 폴리어학원, ECC 어학원, 프랜시스파커 등이 있고, 지역별 영어 유치원도 다양하다. 사실 어떤 유치원을 선택할지는 부모의 신념과 가정의 여건 등에 따라 결정하면 된다. 하지만 네이버 카페(맘스홀릭)와 블라인드(Blind)의 자녀 교육 게시판에서는 영어 유치원에 대한 부모들의 '특별한' 고민과 팽팽한 신경전을 찾아볼 수 있었다. 우선 영어 유치원이 무엇인지 그리고 영어 유치원 열풍 현상에 대해서 살펴보았다.

영어 유치원은 크게 놀이식, 몰입식, 학습식, 이렇게 세 종류의 교육으로 나뉜다. 놀이식 교육은 아이들이 자연스럽게 영어에 익숙해질 수 있도록 다양한 놀이와 활동을 통해 영어를 접하는 것을 목표로 한다. 주로 만 3~4세에 영어에 노출되기 시작하며, 학습보다는 즐거운 경험을 통해 언어를 습득하도록 유도한다. 다음으로 몰입식 교육은 영어 사용 환경에 아이들을 노출해 언어를 일상 속에서 자연스럽게 배우게 한다. 이 방식은 온종일 영어로 진행되는 프로그램으로 구성되어 있어, 영어가 일상 언어처럼 느껴지도록 한다. 마지막으로 학습식 교육은 정규 수업과 유사하게 체계적으로 영어를 가르치는 방식이다. 교재와 교과과정을 통해 영어를 학습하며, 학문적인 접근을 통해 언어 능력을 키우는 것을 목표로 한다.

사교육걱정없는세상(2022)의 최근 분석 보도에 따르면, 서울시 반일제 유아 대상 영어 학원은 2020년에 비해 2021년에는 17곳 늘어난 311개였으며, 강남 · 서초, 강동 · 송파 지역이 140곳(45.0%)으로 제일 많았다. 영어 유치원의 종류와 지역적 위치에 따라 비용은 상당히 다르지만, 서울시 반일제 이상 유아 대상 영어 학원(혹은 영어 유치원)의 월평균 학원비는 약 112만 6천 원이었고, 가장 높은 곳은 265만 원이었다. 지난 5년간의 서울시 유아 대상 영어 학원의 증가에서 알 수 있듯이, 영어 학습 기회에서 지역별, 사회 계층별 불평등이 초등학교 교육 전에 만들어지며 이러한 영어 교육 출발선 붕괴는 초등학교부터의 영어 능력 격차를 가져올 수 있다.

온라인 커뮤니티 등에서 영어 유치원에 대한 학부모들의 다양한 상반된 의견과 경험담을 찾아볼 수 있었다.

보통 자녀를 영어 유치원에 보내는 주된 이유는 초등학교 입학 전에 영어를 쉽게 익혀, 고학년이 되었을 때 국어와 수학과 같은 다른 과목에 더 집중할 수 있도록 준비시키기 위해서다. 그 외에 주로 언급된 영어 유치원의 장점은 외국어 능력 향상, 문화적 다양성 경험, 미래 진로 준비 등이었다. 유 · 아동이 조기에 영어에 노출되면 말하기, 발음 등에 학습 효과를 얻을 수 있고, 외국인 교사와의 상호작용을 통해 다양한 문화적 경험을 할 수 있다. 이러한 점에서 영어 유치원은 글로벌 시대에 맞춘 교육 방안으로 많은 학부모에게 주목받고 있다.

반대로 영어 유치원의 가장 주된 단점은 어린이들이 모국어 학습에 어려움을 겪을 수 있다는 점이다. 이로 인해 아이들은 모국어 능력을 충분히 발달시키지 못할 수 있으며, 영어 유치원에서의 문화적 차이로 한국어와 한국 문화를 접할 기회가 적어질 수 있다. 결국 일반 유치원과 영어 유치원 중 어떤 선택이 더 나은지는 각 가정의 상황과 아이의 성향에 따라 다를 수밖에 없다. 그런데 왜 이렇게 영유아 교육이 주요 이슈로 부각되는 것일까? 저자는 이러한 궁금증을 해결하기 위해서 뉴스 기사에 나타난 영어 유치원의 주요 이슈를 분석해 보았다.

뉴스 기사에 나타난 영어 유치원 열풍 현상

우리 사회는 영어 유치원을 어떻게 바라보고 있을까? 강남권은 영어 유치원이 기본이라는 신문 기사가 사실일까? 정말 경제적 문제가 없으면 영어 유치원에 보낸다는 말이 맞을까? 실제 데이터를 살펴보면서 이러한 영어 유치원 열풍 현상에 대한 정확한 진단을 내리고, 사회적 파급 효과를 알아보았다.

한국언론진흥재단이 제공한 뉴스 빅데이터 분석 시스템인 빅카인즈(https://www.bigkinds.or.kr)를 활용하여 한국 언론의 유아 영어 교육 관련 주요 이슈를 분석했다(안선우 · 한수미, 2024). 이를 위해 전체 언론사를 대상으로 1990년 1월부터 2024년 5월까지 '영유아/유아 영어', '영어 유치원' 등의 키워드를 제목에 포함하는 1611건의 언론 보도 기사를 수집했다. 빈도 분석 결과, 검색 키워드를 제외하고 제목에서 가장 많이 출현한 단어는 학원, 금지, 방과, 학습, 프로그램, 출시였으며, 연결 중심성 지수가 가장 높은 단어는 차례로 학원, 학습, 금지, 프로그램, 방과, 교육부, 출시였다. 네트워크 분석(Network Analysis) 결과, 유아 영어 교육 뉴스 보도에 나타난 주요 키워드 군집의 주제는 '서울 영어 유치원 문제', '유아 영어 교육비 가격대 문제', '지역 영어 프로그램

운영', '영어 유치원 명칭 부적절성', '조기 영어 교육의 윤리적 이슈,' '유아 영어 교육 프로그램 홍보' 등으로 나타났다. 이는 유아 영어 교육이 단순한 교육 이슈를 넘어 사회적, 정책적 논쟁의 중심에 있음을 보여 준다.

이 연구의 주요 시사점은 다음과 같다. 우선 유아 발달 단계에 맞는 다양한 영어 교육 프로그램(유치원 중심)을 개발해야 한다. 둘째, 조기 영어 교육의 효과와 부작용을 평가하는 지속적 연구가 필요하다(권은영, 2019). 또한, 서울 강남권과 다른 지역 간의 영어 격차(English Divide)를 해소하려는 방안 모색 필요하다는 점이 있다(정혜욱 · 김유리, 2020). 즉, 유아 영어 교육 기회의 형평성을 위해 지역적 균등성 증진을 위한 정책 조정의 필요성을 시사한다.

영어 격차와 AI 역할

영어 유치원에 대한 사회적 관심은 양면적인 모습을 띤다. 어떤 부모들에게 영어 유치원은 아이가 어릴 때부터 영어에 익숙해지도록 하는 중요한 출발점으로, 아이에게 다양한 학습 기회를 제공하기 위한 노력의 목적으로 여겨진다. 그러나 다른 부모들에게는 영어 유치원을 보내고 싶어도 경제적인 부담으로 인해 선택하기 어려운 현실적인 제약으로 작용한다.

AI 기술을 활용한 영어 공교육으로 영어 격차를 감소시키고 사교육비를 낮출 수 있다. 지금까지의 사회 경제적 차이로 인한 영어 격차를 극복하고, 향후 영어 사교육비 부담을 낮추기 위해서는 공교육에서 적극적인 AI 기술 도입이 절실하다. 초등학교 영어 교육 학력 격차를 줄이기 위해, AI 기술을 초등 영어 교육 현장에 적용하려는 시도가 이루어졌다(교육부, 2020). 한국교육방송공사(EBS)가 교육부 및 17개 교육청의 사업비 지원과 한국전자통신연구원(ETRI) 및 NHN의 기술 지원을 통해서 개발한 AI 펭톡 앱을 활용한 인공지능 영어 말하기 연습 시스템이 초등 영어 교육에 활용되었고, 이는 학생들의 영어 학원 수강 및 전화 영어/화상 영어를 소폭 줄이는 등 사교육비 경감에 기여했다(김희삼 외, 2021). 이러한 AI 영어 교육 프로그램은 사회 경제적 여건에 상관없이 많은 학생에게 영어 학습 기회를 제공함으로써, 영어 교육의 불평등을 해소하고 더 많은 학생이 글로벌 경쟁력을 갖추는 데 기여할 수 있을 것이다.

참고문헌

교육부(2020.9.14). 인공지능, 학교 속으로! 인공지능(AI), 초등 수학

공부 도우미로, 고교 진로 선택 과목으로 도입.
https://www.moe.go.kr/boardCnts/viewRenew.do?boardID=294&lev=0&statusYN=W&s=moe&m=020402&opType=N&boardSeq=81918

권은영(2019). 소셜 빅데이터 분석을 통해 알아본 대중의 '조기영어교육'에 관한 인식: 유튜브를 중심으로. ≪영어학≫, 19(4), 858-879쪽.

김희삼 외(2021). 인공지능 영어 말하기 프로그램의 효과성 분석.≪교육방법연구≫, 33, 563-588쪽.

사교육걱정없는세상(2022.12.20). 서울 유아대상 영어학원 311개, 전년대비 무려 17곳 늘어나....
https://noworry.kr/policyarchive/?idx=13715836&bmode=view

안선우·한수미(2024). 뉴스빅데이터를 활용한 유아 영어교육에 관한 국내 언론보도 분석. 한국초등영어교육학회 학술대회, 춘천.

정혜욱·김유리(2020). 신문 사설에 나타난 유아 영어교육에 대한 비판적 담론분석: '유치원 방과 후 영어 금지' 정책 사례를 중심으로.≪육아지원연구≫, 15(3), 29-51쪽.

03
2022 개정 영어과 교육과정 따라잡기

2022년 개정된 영어과 교육과정은 학생 중심의 맞춤형 학습과 영어 의사소통 능력 강화를 목표로 한다. 핵심 변화로는 학생의 수준과 흥미에 맞춘 맞춤형 교육, 실제 상황에서 영어를 사용하는 의사소통 중심 학습, 디지털 기반 학습 강화 및 AI 활용, 전인적 성장을 목표로 한 포괄적 평가 방식이 있다. 이러한 변화는 학습자 중심의 교육을 강화하고, 실제적인 영어 활용 능력을 기르는 데 중점을 두고 있다.

AI와 난임 극복?

2022년 영어과 교육과정 개정안 살펴보기

2022 개정 영어과 교육과정은 미래 사회의 변화와 요구를 반영하여 영어 교육을 개선하는 데 중점을 두고 있다. 이 교육과정은 학생들의 영어 능력을 효과적으로 신장하기 위한 다양한 방안을 제시하고 있다. 주요 내용은 세 가지로 요약된다.

첫째, 국가·사회적 요구를 반영한 영어과 교육과정 개발이다. 교육과정은 '역량 기반 영어 교육'을 강조하며, 생태 전환 교육과 디지털 및 AI 교육을 통합하여 학습자의 공동체 가치를 함양하는 데 중점을 두고 있다. 초등학교부터 고등학교까지의 영어 의사소통 능력 신장을 목표로 설정하고, 실생활 중심의 교육을 통해 학생들이 미래 사회에 필요한 심화된 영어 능력을 갖출 수 있도록 구성하고 있다.

둘째, 학생 발달 수준 및 학교급 전환 시기를 고려한 교육 내용의 연계다. 초등학교에서 고등학교에 이르는 교육과정의 연계성을 강화하여 각 학년군 간의 학습 내용과 성취 기준을 개선하고 있다. 특히 진로 연계 학기 운영을 통해 학습자들이 진로와 관련된 학습 목표를 설정하고 실질적으로 활용할 수 있는 교육을 제공하는 것이 목표다.

셋째, 디지털 및 AI 교육 환경에 맞춘 교수 · 학습 및 평가 개발이다. 교과 역량 구현을 위해 온라인 매체 및 인공지능 도구를 활용한 교수 · 학습 방법을 제시하고, 온 · 오프라인 상황에서도 학습 효과를 극대화할 수 있는 평가 방법을 개발하게 된다. 에듀테크를 활용하여 영어 교육을 지원하며, 학생들에게 맞춤형 학습을 제공하는 것에 중점을 둔다.

이처럼 2022 개정 영어과 교육과정은 학습자의 주도적인 학습 능력 향상과 더불어 디지털 및 AI 환경에 맞는 교육 체제를 구축하는 데 중점을 두고 있다. 이를 통해 학생들이 미래 사회에서 요구하는 영어 역량을 효과적으로 습득할 수 있도록 지원하고 있다(교육부, 2022).

한편 2022 개정 영어과 교육과정의 목표인 '영어 의사소통 역량'은 다양한 영어과 교과 역량을 통해서 기를 수 있도록 설계되었다. 주요 역량으로는 협력적 소통, 자기관리, 공동체 참여, 창의적 사고, 심미적 감성, 지식 정보처리 능력이 있다. 이 역량들은 학생들이 영어를 통해 자기 생각을 창의적으로 표현하고, 공동체 문제 해결에 적극적으로 참여하며, 다양한 정보와 자료를 비판적으로 분석하고 활용할 수 있도록 돕는 것을 목표로 한다.

2022 개정 영어과 교육과정의 내용 체계는 이해

(perception)와 표현(production)의 두 개 영역으로 재편했다. 이는 기존 2015 교육과정의 듣기, 말하기, 읽기, 쓰기와 같은 언어 기능별 영역에서 변화된 점이다. 이해 영역은 말과 글뿐만 아니라 이미지, 동영상 등을 통해 영어 지식 정보를 처리하고 활용하는 능력이고 표현 영역은 다양한 매체를 통해 말, 글, 시청각 이미지를 활용해 자신의 느낌, 생각, 의견을 표현하는 능력이다. 각 영역은 독립적으로 작동할 뿐만 아니라 상호작용하는 형태로도 작동하며, 학습자 간 통합 학습을 지향한다(교육부, 2022; 주형미, 2023).

AI 디지털 교과서의 등장과 영향

2022 개정 영어과 교육과정의 교수 학습 및 평가 주요 변화는 디지털 · AI 활용 교육 환경으로의 전환이다. 특히 AI 기술이 영어 교육에 어떻게 접목될 것인지를 2025년부터 초중고에 도입되는 AI 디지털 교과서(AIDT)를 통해서 알아보았다(한국교육학술정보원, 2023).

AI 디지털 교과서는 학생들에게 인공지능을 활용한 교육용 소프트웨어를 바탕으로 1:1 맞춤형 교육 및 자기주도 학습을 지원하는 교과서다. 이는 2022년 교육과정에 맞춰서 2025년부터 2028년까지 초 · 중 · 고에서 각 교과에 맞춰 순차적으로 도입되는 세계 최초로 국가 단위에서 하는 시도다. 이 교과서는 학생 개개인의 학습 속도와 이해 수준을 분석하여 적절한 학습 자료를 제공하고, 실시간으로 피드백을 제공함으로써 학생들이 효율적으로 학습할 수 있도록 돕는다. 구체적으로 AI 디지털 교과서는 학습의 자동화와 개인화된 학습을 통해 학생들이 자신의 학습을 더 능동적으로 관리할 수 있게 해 주며, 교사의 역할을 보완하는 데 중점을 둠으로써, 학생에게는 AI 튜터 프로그램을, 교사에게는 AI 보조 교사 프로그램을 제공하여 교수 학습이 유기적으로 이루어지도록 촉진한다.

이러한 교육계의 혁신적인 시도에 대한 찬반 입장을 살펴보면 다음과 같다. 우선 AI 디지털 교과서 도입에 찬성하는 측은 몇 가지 실질적인 이유를 제시한다. 그 이유는 세 가지로 요약된다. 첫째, 맞춤형 학습 지원이다. AI는 학생들의 학습 데이터를 분석해 개인별 학습 수준에 맞춘 자료와 피드백을 제공하여 학습 효율을 높인다. 이는 학생의 약점을 보완하고 성취도를 향상할 수 있다. 둘째, 교사의 부담 경감이다. AI는 학습 상황을 자동으로 분석해 교사가 학생 개별 학습을 관리하고 창의적 활동에 집중할 수 있도록 돕는다. 셋째, 접근성 향상이다. AI

교과서는 인터넷을 통해 다양한 학습 스타일에 맞춘 자료를 제공하여 경제적, 지리적 격차를 줄이고 더 많은 학생이 고품질 교육을 받을 수 있게 한다.

반면에 AI 디지털 교과서에 대한 우려는 네 가지로 요약된다. 첫째, 기술적 의존으로 인한 자율성 저하다. AI에 지나치게 의존하면 학생들이 스스로 학습하고 문제를 해결하는 능력이 약화할 수 있다. 둘째, 디지털 격차 문제로, 경제적 여건이나 인프라 부족으로 인해 일부 학생들은 AI 학습 도구에 접근하지 못해 교육 격차가 심화할 수 있다. 이미 사회 경제적 격차로 생긴 영어 격차(English Divide)도 문제인데, AI 격차(AI Divide)까지도 더해질 수 있다. 셋째, 인간적 상호작용 부족이다. AI 중심의 학습은 교사와 학생 간, 학생들 간의 소통이 줄어들어 영어를 자연스럽게 익히는 기회를 제한할 수 있다. 넷째, 창의성 제한으로, AI가 정형화된 피드백을 제공하여 창의적 사고를 충분히 자극하지 못할 수 있다.

개인적으로 저자는 AI 디지털 교과서의 도입이 중하위권 학생들의 영어 능력 향상에 도움이 된다는 점에서 긍정적으로 평가한다. 이러한 교과서는 공교육에서 제공하지 못했던 양질의 영어 교육 자료와 학습 방법을 영어 실력이 낮은 학생들에게 제공할 수 있기 때문이다. 다만 AI 디지털 교과서 도입에 앞서 몇 가지 의문점이 있다. 충분한 사전 연구가 이루어졌는지, 예상되는 문제점과 그 해결 방안이 마련되었는지에 대한 고민이 필요하다. AI 기술이나 디지털 교육 환경에 지나치게 의존할 경우, 잘못된 학습 방법이나 기계적인 사고가 고착될 위험이 있기 때문이다. 학부모들 사이에서는 학생들에게 과도한 디지털 기기 노출로 인해 독서와 사고력이 저하될 수 있다는 우려도 제기되고 있다. 이러한 잠재적 문제를 예방하기 위한 대책이 마련되어야 AI 디지털 교과서가 성공적으로 한국의 영어 교육을 개선할 수 있을 것이다.

참고문헌

교육부(2014.12.26). 대학수학능력시험 영어영역 절대평가 도입. https://www.moe.go.kr/boardCnts/viewRenew.do?boardID=294&lev=0&statusYN=C&s=moe&m=020402&opType=N&boardSeq=58100

교육부(2022). 영어과 교육과정. 세종: 교육부.

주형미(2023). 2022 개정 영어과 교육과정 개정 방향. https://www.britishcouncil.kr/sites/default/files/20230317_webinar1_2022_revised_eng_national_curriculum_hyung_mi_joo.pdf

한국교육학술정보원(2023). AI 디지털교과서 개발 가이드라인. https://www.keris.or.kr/main/ad/pblcte/selectPblcteETCInfo.do?mi=1142&pblcteSeq=13722

04
AI 혁신과 새로운 대학 수능 영어 평가

2022년 영어과 교육과정 개정과 2025년부터 초중고 교육과정에 순차적으로 도입되는 AI 디지털 교과서는 영어 교과에도 큰 변화를 가져올 것으로 예상한다. AI 보조 교사 및 AI 튜터를 활용한 개인 맞춤형 교수 학습의 변화는 영어 학습의 평가 방식, 피드백 제공, 학습자의 준비 과정 등 다양한 측면에서 영향을 미칠 수 있다. 이러한 교수 학습 환경의 변화 시대에 대학 수능 영어 평가의 주요 이슈와 미래를 살펴보았다.

AI와 사주?

수능 영어 절대평가 도입과 영향

현재의 수능 영어 평가(대학 수능 영어 평가)의 가장 중요한 이슈는 2018년부터 도입된 절대평가 시스템일 것이다. 흔히 상대평가라고 불리는 규준 참조 평가(norm-referenced testing)는 학생들의 성취도를 집단 내 다른 학생들과 비교하여 상대적인 순위를 평가하는 방식이다. 예를 들어, 상위 10% 안에 들어야 우수하다고 평가된다. 반면에 준거 참조 평가(criterion-referenced testing)는 절대평가라고 불리는데, 이 방식은 특정 학습 목표나 기준(criterion)에 도달했는지를 평가한다. 학생이 그 기준에 도달하면 "성공"으로 평가되며, 다른 학생들과의 비교가 아닌 절대적 기준에 따라 성취를 평가한다(Brown & Hudson, 2002). 수능 영어 평가의 절대평가 전환 주요 이유는 무의미한 경쟁 감소, 학습 부담 경감, 의사소통 중심 수업 활성화, 사교육비 부담 감소, 학교 영어 교육의 정상화를 포함한다(교육부, 2014).

사실 수능 영어 절대평가는 국가영어능력평가시험(NEAT, National English Ability Test) 2 · 3급 개발을 실패한 후 수습책으로 도입된 측면이 있으며, 그로 인해 여러 우려와 논쟁을 불러일으켜 왔다. 이영식(2019)은 수능 영어 절대평가가 충분한 연구와 검증 없이 도입되어 이론적 결함을 드러냈다고 지적한다. 수능 영어 절대평가는 영어 교육과정의 성취도와 대학 입학 후 목표 언어 사용에 대한 구체적인 준거를 이론적으로도 실제적으로도 규명하지 않아 각 등급의 명확한 서술이 누락되었고, 결국 학생들이 달성해야 할 목표 영어 능력을 명확히 정의하지 못했다는 점이다. 이러한 이유로 현재의 수능 영어 평가는 실질적으로는 절대평가가 아닌 쉬운 수능 영어를 통한 상대평가처럼 운영되고 있다는 근본적인 문제가 있다.

추가로 수능 영어 절대평가는 원래 목표했던 영어 사교육 억제와 의사소통 중심 교육 효과를 달성하지 못했다(이용원 · 한수미, 2021; 이용원 외, 2020). 오히려 이 정책으로 인해 수능 영어의 변별력이 약화하고, 대학생 간 영어 능력 격차가 심화하는 부작용이 발생했음이 확인되었다. 결국 수능 영어 절대평가는 본래의 목적을 달성하지 못한 채, 미래 세대의 영어 능력 하향 평준화라는 우려스러운 결과를 초래하고 있다.

AI 시대, 영어 평가 시스템의 변화

2022년 개정 영어과 교육과정은 '영어 의사소통 능력'을 핵심 역량으로 설정했다. 초 · 중등학교에서는 일상적 의사소통 능력 배양에, 고등학교에서는 진로와 직업에 필요한 전문적 의사소통 능력 함양에 중점을 둔다. 이는 실용적 언어 사용과 글로벌 인재 양성을 위한 현대 교육 트렌드를 반영한 것이다. 한편 2025년부터 2028년까지 도입 예정인 AI 디지털 교과서는 영어 교육을 혁신할 것으로 기대된다. 이 도구는 학습자 개인의 수준과 속도를 분석해 맞춤형 학습을 제공한다. 예를 들어, 어휘력이 부족한 학생에게는 더 많은 어휘 학습을, 문법에 강한 학생에게는 고급 문법을 제시한다. 이러한 개인화 학습은 학생들의 동기를 높이고 시간 관리를 효율화하여 영어 교육의 효과를 극대화할 전망이다(교육부, 2022).

주목할 점은, AI 디지털 교과서를 통해 학습한 학생들이 경험하게 될 새로운 평가 방식이다. 기존의 획일화된 지필 고사 중심의 평가에서 벗어나, 학생들의 실제 언어 사용 능력을 종합적으로 평가할 기회가 마련될 것이다. 예를 들어, AI 기술을 활용한 실시간 말하기 평가, 실제 상황을 반영한 과제 수행 능력 평가, 장기적인 학습 포트폴리오 분석 등 다양한 평가 방법이 도입될 수 있다. 이를 통해 학생들은 단순한 암기나 문제 풀이 능력이 아닌, 실제 생활에서 활용 가능한 종합적인 영어 능력을 평가받게 될 것이다. 이러한 변화는 궁극적으로 학생들의 실질적인 영어 실력 향상과 함께, 글로벌 사회에서 필요한 의사소통 역량을 갖춘 인재 양성에 이바지할 것으로 기대한다(교육부, 2022; 한국교육학술정보원, 2023).

수능 영어 평가의 미래

초 · 중 · 고등학교 교과과정에 AI 교수 학습 기술이 도입됨으로써, 앞으로 수능 영어 평가의 형식과 내용에 상당한 변화를 가져올 것이다. 우선 기존의 다지선다형 문제에서 벗어나 말하기나 쓰기와 같은 '표현' 영역까지도 평가할 수 있게 되어, 학습자의 종합적인 영어 능력을 평가하는 방향으로 수능 영어 시험의 초점이 전환될 것이다. 예를 들어, 수능 영어 평가에 실시간 음성 인식 기술을 활용한 말하기 평가나 AI 채점 시스템을 통한 작문 평가 등이 도입될 수 있다. 이러한 새로운 평가 방식은 2022년 영어과 교육과정의 목표인 '의사소통 역량 향상'을 위해 학생들의 실제 영어 사용 능력을 더욱 정확하고 다각도로 측정할 수 있게 해 줄 것이다.

말하기나 쓰기 평가를 수능 영어 평가에 포함하게 됨으로써, 평가 내용 측면에서도 주요한 변화가 있을 것이다. 단순한 문법 지식이나 독해 능력을 넘어, 실제 의사소통 상황에서의 언어 사용 능력, 문화 간 이해력, 비판적 사고력 등을 종합적으로 평가하는 방향으로 나아갈 것이다. 이러한 변화는 학생들이 다양한 문화적 배경을 이해하고, 국제적인 상황에서 유효하게 의사소통할 수 있도록 도우리라 본다.

또한 AI 기술을 활용한 적응형 평가(Adaptive Testing) 도입도 고려될 수 있다. 이는 수험생의 답변에 따라 문제의 난이도를 실시간으로 조절하여, 개인의 능력을 더욱 정확하게 측정할 수 있게 해 준다. 이러한 혁신적인 평가 방식의 도입은 학생들의 실력을 더욱 정확하게 반영하고, 나아가 영어 학습에 대한 동기 부여와 효과적인 학습 방향 설정에도 도움을 줄 수 있을 것이다. 더불어 채점 및 피드백 시스템이 추가된다면 수험생은 더 빠르게 시험 결과를 파악할 수 있게 된다.

마지막으로, 앞으로 수능 영어 시험의 공정성 및 편의성이 증가할 것이다. 수능 영어 평가에서 AI 기술을 활용함으로써 부정행위를 감지하고 방지할 수 있고, 향후 온라인 시험으로 변경될 때도 신뢰성을 확보할 수 있을 것이다.

이처럼 앞으로 수능 영어 평가 시스템은 다양한 측면에서 큰 변화를 겪을 것이다. 따라서 현재의 문제점들을 해결하고 보다 효과적인 영어 교육과 평가를 위해 평가 방식의 근본적인 재검토가 필요하다. 이는 단순히 시험 형식의 변경을 넘어, 영어 교육의 목표와 방법론, 그리고 평가 체계 전반에 걸친 종합적인 개선을 의미한다. 특히 의사소통 능력을 포함한 실질적인 영어 사용 능력을 평가할 수 있는 새로운 방안을 모색해야 할 것이며, 이 과정에서 교육 현장의 의견과 전문가들의 연구 결과가 충분히 반영되어야 할 것이다. 더욱 공정하고 효과적인 수능 영어 평가 시스템을 구축하기 위해서, 영어 교육 전문가, 정책 입안자, AI 기술 전문가들이 긴밀히 협력해야 한다.

참고문헌

교육부(2014.12.26). 대학수학능력시험 영어영역 절대평가 도입. https://www.moe.go.kr/boardCnts/viewRenew.do?m=020602&s=moe&page=70&boardID=339&boardSeq=58107&lev=0&opType=N

교육부(2022). 영어과 교육과정. 세종: 교육부.

이영식(2019). 대학 수능 영어시험 절대평가 실시: 정치적 맥락에 의해 좌우된 시험의 사례. ≪영어교육≫, 74(2), 3-25쪽.

이용원 외(2020). 수능 영어 절대평가 도입 전후의 대학영어교육 변화 추세에 대한 연구. ≪영어영문학≫, 66(4), 807-846쪽.

이용원·한수미(2021). 수능 영어 등급과 대학수학능력과의 관계 —대학생 인식 설문조사.≪영어영문학21≫, 34(4), 419-452쪽.

한국교육학술정보원(2023). AI 디지털교과서 개발 가이드라인.

https://www.keris.or.kr/main/ad/pblcte/selectPblcteETCInfo.do?mi=1142&pblcteSeq=13722

Brown, J. D. & Hudson, T.(2002). *Criterion-referenced language testing.* Cambridge:Cambridge University Press.

05
자동 언어 평가: AI를 통한 영어 평가와 피드백의 진화

AI 기술의 발전으로 자동 언어 평가는 영어 평가와 피드백 방식에 혁신을 가져왔다. AI 기반 시스템은 학습자의 발음, 문법, 어휘를 실시간으로 평가하고 맞춤형 피드백을 제공하여 학습 효율성을 높인다. 이러한 자동화된 평가 시스템은 영어 시험뿐만 아니라 학습 과정에서도 활용될 수 있으며, 학습자에게 즉각적인 피드백을 제공함으로써 학습 효율성을 높인다. 앞으로 AI 기반의 언어 평가 도구들은 더욱 발전하여, 영어 능력 평가에서 중요한 역할을 할 것으로 기대한다.

AI와 아이돌?

자동 언어 평가의 역사

자동 언어 평가(automated language assessment)란 인공지능과 자연 언어 처리(NLP, Natural Language Processing) 기술을 활용하여 학습자의 언어 능력을 자동으로 평가하는 시스템을 의미한다. 이 시스템은 문법, 어휘, 문장 구조, 발음 등 다양한 언어적 요소를 분석하고, 오류를 감지하여 피드백을 제공함으로써 학습자가 자신의 언어 능력을 향상할 수 있도록 돕는다. 자동 언어 평가는 대규모의 데이터를 바탕으로 학습자에게 신속하고 일관된 평가를 제공하며, 교육자에게는 효율적인 평가 도구로 활용된다(Han, 2015).

초기의 자동 언어 평가 시스템은 주로 다지선다형 질문에 대한 답변을 자동으로 채점하는 방식으로 시작되었다. 1960년대와 1970년대에는 컴퓨터 기반 테스트(Computer-Based Test)가 개발되었으며, 이는 빠르고 정확하게 응답을 처리하지만 자유로운 형태의 언어 사용에서는 한계가 있었다.

1990년대와 2000년대에는 자연 언어 처리 기술이 본격적으로 도입되면서 자동 언어 평가 도구나 기술 개발이 촉진되었다. 2010년대 초중반에 이르러 ETS (Educational Testing Service)의 자동 에세이 평가 시스템인 크라이테리언(Criterion)과 피어슨의 자동 말하기 평가 시스템인 버선트 스피킹(Versant Speaking)이 상업적으로 출시되면서, 자동 언어 평가는 영어 교육과 평가 분야에서 중요한 도구로 자리 잡게 되었다.

한편 2010년 중후반 딥러닝 기술의 발전으로 AI와 기계 학습 기술의 급격한 발전은 이전의 자동 언어 평가 시스템의 능력을 혁신적으로 확장해 왔다. 특히 2022년 11월에 공개된 지피티(GPT, Generative Pre-trained Transformer, 생성적 사전 훈련 변환기)는 오픈AI(Open AI)에서 개발한 혁신적인 트랜스포머 기반 언어 모델로, 다양한 자연 언어 처리 작업을 수행할 수 있도록 대규모 텍스트 데이터로 미세 조정되었다. 이러한 지피티 모델을 활용하여 언어 평가를 위한 읽기, 듣기 등의 문항 생성에 이용할 수 있다(Shin & Lee, 2023).

가장 최근에는 지피티 모델을 활용한 자동 언어 평가, 즉 AI 기반 언어 평가의 타당도와 신뢰도를 검토하는 연구가 활발히 진행되고 있다. 이러한 연구는 AI 시스템이 제공하는 평가가 학습자의 실제 언어 능력을 얼마나 정확하게 반영하고 평가하는지를 인간 평가 및 다른 평가 도구와의 상관성을 바탕으로 평가하고 있다(Mizumoto & Eguchi, 2023; Mizumoto et al., 2024; Naismith et al.,

2023).

자동 에세이 평가 연구 사례

저자는 2010년 초 미국 박사 과정 중에 자동 언어 평가 도구인 ETS의 크라이테리언을 처음 경험했다. 미국에 유학 온 대학생들을 대상으로 영어 작문 수업을 가르치면서 크라이테리언을 활용하게 되었다. 이 프로그램은 자연어 처리 기술을 활용하여 학습자가 작성한 텍스트를 분석하고, 오류를 자동으로 감지하여 수정 제안을 제공했다. 주로 문법 오류, 구조적 문제, 문체 개선에 관한 실시간 피드백을 제공함으로써, 학생들이 자신의 글을 반복적으로 수정하고 개선할 수 있도록 도왔다.

하지만 이 자동 에세이 평가 도구에도 몇 가지 한계가 있었다. 첫째, 크라이테리언은 피드백을 제공할 때 주로 문법적 오류에 집중하였고, 내용의 논리성이나 창의성을 평가하는 데는 제한적이었다. 둘째, 학생들이 프로그램의 피드백을 그대로 받아들이는 경향이 있어, 비판적 사고 없이 수정하는 경우가 종종 발생했다. 이러한 경험을 통해 저자는 자동 언어 평가 도구가 강력한 학습 도구가 될 수 있지만, 이를 효과적으로 사용하기 위해서는 교사의 추가적인 지도가 필요하다는 점을 깨달았다.

이후, 대학 영작문 수업을 수강하는 23명의 공학 전공 1학년 대학생들을 대상으로 크라이테리언을 활용한 영작문 수업의 효과 및 학생 인식 연구를 수행했다(Han & Kim, 2019). 우선 크라이테리언의 피드백 유형에 대한 분석한 결과, 학생들의 에세이에서 관사 누락, 수/주어-동사 일치 오류 수정, 반복적인 단어 사용 감소에 효과적이었다. 이 자동 평가 시스템에 대한 학생들의 전반적인 피드백 인식도 긍정적이었으나, 작문 구조/구성에 대한 모호한 피드백, 반복적인 단어 사용, 철자 오류와 관사 오류와 관련된 부정확한 피드백, 오류에 대한 피드백 부족은 이 시스템의 교육적 도구로서의 신뢰성을 저하할 수 있는 문제로 지적되었다.

이러한 연구는 초기 자동 언어 평가 시스템의 한계와 개선 필요성을 보여 주는 동시에, AI 시대의 영어 교사 역할에 대해서도 방향성을 제시해 준다. 즉, 자동화된 교수 학습 도구가 학습 일부를 보완할 수는 있지만, 교사는 여전히 학습자의 개별적인 필요를 파악하고 맞춤형 지도를 제공하는 중요한 역할을 담당해야 한다는 것이다. 반복적인 오류 수정과 기본적인 문법 피드백 외에 창의적인 사고나 복잡한 작문 기술을 지도하는 데는 교사의 세심한 지도가 필수적이다.

AI 기반 자동 언어 평가 연구의 과제

현재 AI 기반 자동 언어 평가에 대한 논의는 계속해서 활발히 이루어지고 있다. 2023년 뉴욕에서 열린 세계적인 언어평가학회인 LTRC(Language Testing Research Colloquium)의 자동 언어 평가 모임에서는 AI를 포함한 보조 기술을 언어 평가에서 허용할지에 대한 찬반 논쟁이 있었다. AI 기술의 언어 평가 적용과 관련된 주요 이슈는 구인 정의(무엇을 측정할 것인가), 채점 기준과 정확성, 타당성, 공정성, 형평성, 편견, 저작권 문제 등이 있다. 또한 언어 평가에서 제공되는 피드백의 종류나 정도에 대한 추가적인 논의도 필요하다(Voss et al., 2023; Xi, 2023).

최근 오픈AI의 챗지피티를 활용한 AI 기반 자동 언어 평가 연구가 활발한데, 주로 지피티 모델의 신뢰도와 타당도를 검증하기 위한 시도가 많다. 제2 언어(L2, Second Language) 쓰기 평가 연구는 지피티의 에세이 평가가 인간 평가와 강한 상관관계를 보였으며, 그래머리(Grammarly)보다 더 인간 평가와 학생 점수와 일치성을 보임을 밝혀냈다. 이를 통해 지피티가 L2 연구와 쓰기 교육에서 효율성을 높일 수 있는 도구임을 주장했다(Mizumoto & Eguchi, 2023). 미즈모토의 최근 연구는 챗지피티 모델이 학습자의 에세이를 분석해 논리적 구조나 문체와 같은 세부적인 피드백을 제공할 수 있음을 밝혔다(Mizumoto et al., 2024).

최근 AI 기술과 자동 언어 평가를 활용한 에듀테크 산업이 빠르게 성장하고 있으며, 리딩앤(Readingn)과 플랭(Plang) 영어 학습 프로그램은 AI를 통해 학생들의 영어 능력을 평가하고 개인화 피드백을 제공하고 있다. 이러한 시스템의 신뢰도와 타당성을 높이기 위해서는 영어 평가 전문가와 에듀테크 기업의 협력이 중요하다. 특히 교육학적 원리와 언어 습득 이론을 반영하고, 학습 동기와 자기 주도적 학습을 촉진하는 효과적인 평가/피드백 시스템을 개발하는 것이 핵심이다. 이를 통해 AI 기술의 이점을 활용하면서도 영어 교육의 본질적 가치를 유지하는 'AI 기반 영어 학습 평가 도구'를 개발할 수 있을 것이다.

참고문헌

Han, S.(2015). [Book review] The handbook of automated essay evaluation: Current applications and new directions. *Language Testing*, 32(4), pp.543–545.

Han, S. & Kim, H. K.(2019). Criterion feedback in college English writing instruction: Its effectiveness and student perception.

Multimedia-assisted Language Learning, 22(4), pp.11-33.
Mizumoto, A. & Eguchi, M.(2023). Exploring the potential of using an AI language model for automated essay scoring. *Research Methods in Applied Linguistics*, 2(2), 100050.
Mizumoto, A., et al.(2024). Testing the viability of ChatGPT as a companion in L2 writing accuracy assessment. *Research Methods in Applied Linguistics*, 3(2), pp.100-116.
Naismith, B., et al.(2023). Automated evaluation of written discourse coherence using GPT-4. In *Proceedings of the 18th Workshop on Innovative Use of NLP for Building Educational Applications (BEA 2023)*, pp.394-403. Toronto, Canada. Association for Computational Linguistics.
Shin, D. & Lee, J. H.(2023). Can ChatGPT make reading comprehension testing items on par with human experts?. *Language Learning & Technology*, 27(3), pp.27-40.
Voss, E., et al.(2023). The use of assistive technologies including generative AI by test takers in language assessment: A debate of theory and practice. *Language Assessment Quarterly*, 20(4-5), pp.520-532.
Xi, X.(2023). Advancing language assessment with AI and ML-Leaning into AI is inevitable, but can theory keep up? *Language Assessment Quarterly*, 20(4-5), pp.357-376.

06
AI 융합 시대의 글로벌 영어 교육 트렌드

AI의 급속한 발전과 다양한 산업 분야와의 융합은 글로벌 영어 교육에 혁신적인 변화를 가져오고 있다. 이러한 변화는 교육의 접근성, 개인화, 효율성 측면에서 영어 학습자들에게 새로운 기회를 제공한다. 특히 국제 바칼로레아(IB) 교육과 세인트존스의 그레이트 북스(GB)와 같은 프로그램을 통해 변화의 시도가 있다. 본 장에서는 영어 교육에 새롭게 등장한 이 두 교육 프로그램의 목적과 내용을 분석하고, 미래 영어 교육에 주는 시사점을 살펴본다.

AI와 야구?

국제 바칼로레아와 영어 교육 혁신

국제 바칼로레아(IB, International Baccalaureate)는 스위스에 본부를 둔 비영리 교육 재단인 국제 바칼로레아 기구가 관리하는 초 · 중 · 고 교육과정이자 대학 입학시험 체제다. 1968년 시작되어 전 세계로 확산된 IB 교육은 전통적인 교과 경계를 넘어 통합 학습을 촉진하는 프로그램으로 주목받고 있다. 이 프로그램은 국제 학교나 사립 학교를 중심으로 영어로 진행되어 왔다는 점에서 엘리트 교육 또는 귀족 교육이라는 비판이 있지만, 미국에서는 범죄율 감소 등 긍정적 효과를 보였으며, 최근에 그 확산세가 크다(김영민 · 조현희, 2020). 홈페이지에 따르면, 현재 162개국의 5800개의 학교에서 IB 교육과정을 도입하여 운영하고 있다.

한국에서는 2019년부터 제주도와 대구시에서 IB 교육을 도입했고, 2023년부터는 서울, 경기, 부산, 전남, 전북, 충남 등에서도 IB 교육을 도입하겠다고 밝혔다. 이렇게 공교육에 도입하려는 시도의 주요 이유는 IB 교육이 학생들의 자기 주도적 학습과 비판적 사고를 촉진하는 탐구 중심 수업을 강조함으로써 학생들이 미래 사회에서 요구되는 창의적 문제 해결 능력과 글로벌 역량을 함양할 수 있기 때문이다. 이는 단순한 지식 전달을 넘어, 학생들이 스스로 사고하고 문제를 해결하는 능력을 기르는 데 중점을 두고 있다. 또한 IB 교육은 미래 인재 육성을 위한 새로운 대학 입시 제도로 활용됨으로써 학생들이 논리적 사고력과 창의적 문제 해결 능력을 평가받을 기회를 제공한다. 이는 기존의 주입식 교육과 객관식 평가 방식에서 벗어나, 서술형 평가와 논술형 과제를 통해 학생들의 비판적 사고와 탐구 능력을 중점적으로 평가하는 방식으로 변화할 수 있음을 의미한다(송진웅 외, 2021).

최근 IB 과정을 이수한 학생들이 해외 대학 진학뿐만 아니라, 국내 유수 대학(서울대, 연세대, 고려대, 서강대 등)에도 진학하는 사례가 늘고 있다. 이러한 현상은 국내 교육과정과 대학 입시 제도에 변화를 촉진하는 계기가 될 수 있을 것이다. 그러나 IB 교육과정의 공교육 도입은 교육 격차와 사교육 유발 가능성, 기존 교육과정과의 충돌, 교사 양성, 예산 문제 등의 난점도 존재한다. 이러한 찬반 의견을 고려해, IB 도입 시 교육의 형평성 및 실효성을 보장하는 방안이 함께 마련되어야 한다(홍영일, 2022).

IB 교육과정에서 영어 교육은 영어를 교수 학습 도구어로 사용함으로써 공교육에서 부족한 영어 교육의 시수와 질을 보완할 수 있다는 장점이 있다. 그러나 가장 큰 장점은 비판적 사고력 향상, 통합적 학습, 글로벌 마인드셋 함양에 있다. IB 영어 교육은 영어를 통해 고차원적인 사고력과 문제 해결 능력을 개발하는 데 중점을 두며, 학생들은 영어를 지적 성장의 매개체로 활용한다. 또한 학제 간 통합적 학습을 통해 문학, 역사, 과학 등 다양한 분야를 영어로 학습하며 폭넓은 지식을 영어로 응용하는 능력을 기른다. 마지막으로 IB 영어 교육은 글로벌 시민으로서의 역량을 강화하며, 학생들은 영어로 글로벌 이슈를 토론하고 다양한 관점을 비판적으로 분석하는 능력을 갖추게 된다. 예를 들어 문학 수업에서 셰익스피어의 작품을 읽고, 그 시대의 역사적 배경과 사회적 이슈를 영어로 토론하는 활동을 통해 학생들은 영어를 다차원적으로 활용하는 동시에 글로벌 시민으로서의 역량을 강화할 수 있다.

결과적으로 IB 영어 교육은 학생들이 글로벌 사회에서 책임감 있는 시민으로 성장할 수 있는 기반을 제공할 수 있다. 다만 앞서 언급한 IB 교육 도입의 난제들, 예를 들어 영어 능력의 차이로 인한 학생들 간 학습 격차 발생, 교사 양성의 문제, 사교육 증가 가능성 등의 문제는 해결되어야 한다. 교육의 형평성과 공정성을 유지하기 위해 철저한 대비와 지원이 필요하다.

세인트존스대학의 그레이트북스 프로그램과 영어 교육 혁신

미국 세인트존스대학(Saint John's College)의 그레이트북스(GB, Great Books) 프로그램은 1937에 도입된 혁신적인 독서 기반 토의 교육 방식이다. 이 프로그램은 특히 경쟁을 배제하고 토론 중심의 학습을 강조한다. 학생들은 다양한 학문 분야의 고전 작품(철학, 문학, 과학, 역사 등)을 깊이 있게 읽고 토론하며, 이를 통해 폭넓은 지식과 비판적 사고 능력을 함양한다.

최근 한국에서 세인트존스대학의 GB 모델을 도입하려는 움직임이 활발하다. 2019년 인천대가 GB 기반 토의 세미나를 도입하면서 한국형 GB 프로그램이 본격적으로 발전했다. 인천대는 그레이트북스센터를 설치하고, 교과 및 비교과 프로그램을 체계적으로 운영하며, 이를 통해 지역 사회 교육에도 기여하고 있다(이용화 · 이유정, 2021; 안효진 외, 2023). 이러한 프로그램은 중고등학교와 시민 교육으로까지 확장되었고, 춘천시, 춘천교육지원청, 강원대, 한림대 등 다양한 지역과 대학과의 교육적 연대를 통해 널리 확산하고 있다. 최근에는 세인트존스대학과 한국의 여러 기관(인천대학교, 강원대학교, 춘천시 등)이 협력하여 GB 기반 교육 협업을 위한 업무 협약(MOU)을 체결했다. 이렇듯 한국 내 GB 교육 도입은 고전의 중요성을 강조하고, 창의적 사고력과 비판적 사고를 길러 줄 수 있는 교육 프로그램으로 주목받고 있으며, 미래 교육의 중요한 한 축으로 자리 잡고 있다.

이러한 GB 교육을 한국의 영어 교육과정에 도입하게 된다면, 그 구체적인 효과로는 심도 있는 독해와 해석, 비판적 사고력 및 토론 능력 개발, 그리고 통합적 학습 방식이 있다. 먼저 고전 문학 작품을 통해 학생들은 다양한 문장 구조와 어휘를 접하게 되어 영어 능력이 자연스럽게 향상되며, 텍스트의 심층적 의미를 분석하는 능력을 기른다. 둘째, 학생들은 다양한 주제와 철학적 질문을 토론하며 비판적 사고와 논리적 표현 능력을 발전시킨다. 이러한 토론 과정은 학생들이 자신의 주장과 논리를 명확하게 정리하고 표현하는 능력을 향상하며, 영어로 복잡한 개념을 효과적으로 전달할 수 있는 역량을 기르는 데 중요한 역할을 한다. 마지막으로, 통합적 학습 방식을 통해 학생들이 문학, 역사, 철학 등 다양한 학문 분야를 연계하여 영어를 학습하게 함으로써 깊이 있는 지식을 영어로 표현할 수 있는 능력을 키우게 한다. 예를 들어, 학생들은 조지 오웰의 『1984』의 일부분을 영어로 읽고, 토론하면서 그 작품의 정치적, 사회적 맥락을 분석하게 된다. 따라서 이러한 GB 교육 방식을 영어 교육에 도입할 경우, 학생들에게 영어 학습의 깊이를 더해 줄 뿐만 아니라, 비판적 사고력과 토론 능력을 기르고 다양한 학문적 관점에서 영어를 활용할 수 있는 역량을 배양하는 데 큰 도움을 줄 수 있다.

미래의 영어 교육

IB와 GB 교육의 공통된 목표는 비판적 사고력과 창의적 문제 해결 능력의 함양이다. 따라서 이러한 교육 방식은 주입식 교육의 한계를 극복하고, 학생들의 자발적 사고와 문제 해결 능력을 촉진할 수 있다. AI 기술의 발전에 따라, 스스로 생각하고 합리적인 의사 결정을 할 수 있는 미래 세대를 키워 내기 위해서 이와 유사한 교육 방안이 더욱 확대될 것으로 예상한다. 중요한 것은 이러한 교육 방식이 실제 학습 환경에서 어떻게 조화를 이루고, 모든 학생에게 공평하게 적용될 수 있는지에 대한 고민이다. 새로운 교육 방안을 성공적으로 도입하기 위해서는 교사와 학생의 준비가 필요하며, 교육 시스템 또한 이를 지원할 수 있는 구조적 변화가 뒷받침되어야 한다. 또한 교육 격차를 해소하고 모든 학생이 균등한 혜택을 받을 수 있도록 교육 자원의 분배와 접근성도 중요하다.

영어 교육 분야에서도 이러한 원칙이 적용된다. 미래의 영어 교육은 AI 기술을 활용한 개인 맞춤형 교수 학습 시스템을 도입하여, 단순한 언어 학습을 넘어서 학생들의 비판적 사고력 향상에 중점을 두어야 한다. IB나 GB 교육과 같은 혁신적인 교육 방안의 도입은 학생들이 영어를 통해 다양한 학문적 배경을 통합적으로 학습하고, 비판적 사고와 창의적 문제 해결 능력을 체계적으로 기를 수 있도록 돕는 중요한 역할을 할 것이다.

다만 이러한 교육 방안 도입 과정에서 영어 격차(English Divide), 교원 양성 문제, 영어 사교육 증가 등의 도전 과제가 예상된다. 이러한 문제를 해결하기 위해서는 AI 기술을 적절히 활용하여 맞춤형 교육을 제공함으로써 격차를 완화하고, 공평한 교육 기회를 보장할 필요가 있다. 특히 교사들이 AI와 새로운 교육 방식을 충분히 이해하고 효과적으로 활용할 수 있도록 지원하는 것이 중요하다. AI 기반 영어 교육은 이와 같은 도전 과제를 해결하는 데 기여할 가능성이 크다. 이를 실현하기 위해서는 더 많은 연구와 교육적 준비가 필요하다. 이러한 연구를 통해 학생들이 미래 사회에서 요구되는 영어 활용 능력을 배양할 수 있도록, 교육 시스템을 지속해서 개선해 나가야 한다.

참고문헌

김영민·조현희(2020). 국제 바칼로레아 초등교육 프레임워크에 기반한 초등영어 융합수업 설계 방안. ≪초등영어교육≫, 26(3), 29-54쪽.

송진웅 외(2021). 대입논술형수능체제설계를위한 평가시스템 및 교원양성프로그램기초연구: IB 사례를중심으로. 서울대학교.

이용화·이유정(2021). 세인트존스 칼리지의 세미나 모델을 적용한 교양 세미나 수업 개발 및 효과 검증. ≪교양교육연구≫, 15(2), 113-132쪽.

안효진 외(2023). 명저 (Great Books) 읽기를 통한 고등학생 진로 탐색: 세인트 존스 (St. John's) 대학 모델 적용 비경쟁 토의 세미나 사례 연구. ≪생애학회지≫, 13(1), 71-91쪽.

홍영일(2022). 국제 바칼로레아(IB) 국내 도입의 장점과 문제점. ≪교육개발≫, 겨울호(통권 225호), 34-38쪽.

International Baccalaureate. https://www.ibo.org/

Saint John's College. https://www.sjc.edu/

07
AI 시대, 영어 교사의 디지털 역량

영어 교사가 갖춰야 할 기본 역량은 흔히 고급 영어 능력, 문화적 이해, 실제 사용 능력, 글로벌 커뮤니케이션 능력, 그리고 지속적인 자기 계발이라고 한다. AI 시대를 맞아 영어 교사가 더불어 갖추어야 할 디지털 역량을 디지털 리터러시, 데이터 리터러시, 그리고 인공지능 리터러시로 정리했다. 이러한 디지털 역량은 영어 교사가 AI 기술을 효과적으로 활용하면서도, 학생들에게 양질의 영어 교육을 제공할 수 있는 기반이 될 것이다.

AI와 윤동주?

영어 교사의 디지털 리터러시

디지털 리터러시(Digital Literacy)는 가장 기초적인 디지털 역량으로, 디지털 도구나 정보를 효과적으로 탐색하고 활용하는 능력을 포함한다. 구체적으로 영어 교사가 갖추어야 할 주요 디지털 리터러시는 정보 검색 능력 및 활용, 디지털 도구 활용, 디지털 커뮤니케이션 등이 있다. 예를 들어 미스터리 스카이프(Mystery Skype) 페이스북 그룹은 전 세계 교사들이 서로 연결되어 활동을 계획하고 리소스를 공유하는 커뮤니티로, 교사들은 이 그룹에서 파트너 교실을 찾고, 아이디어와 성공 사례를 나누며, 질의응답(Q&A)을 통해 지원을 받을 수 있다. 이렇게 디지털 세상에서 이뤄지는 정보를 탐색하고 수업에 적용하면서, 한국인 영어 교사들은 학생들에게 글로벌 커뮤니케이션과 다양한 문화적 지식을 쌓을 수 있는 실제적인 교육 경험을 제공할 수 있다(Dabic et al., 2019).

무엇보다도 다양한 온라인 플랫폼을 활용한 교수 학습 설계를 통해 학생들의 기본적인 디지털 리터러시를 꾸준히 향상하는 것이 학습 참여도와 성취도를 높이는 데 매우 효과적이다. 저자는 지난 8년간 영어 교육 및 영어학 수업에서 구글 앱(Google Apps)을 적극적으로 도입하여 학생들의 디지털 리터러시를 향상하고자 노력했다. 그 첫 시도는 2017년 한림대학교 영어영문학과의 전공 필수인 '영어학 개론'에서 구글 앱을 도입한 것이다. 딥러닝 기술의 도입으로 고도로 디지털화된 사회에 대비하기 위해서 영어영문학과 학생들이 전공 지식 외에도 반드시 갖춰야 할 능력이 디지털 리터러시라는 판단을 내렸고, 한 학기 동안 구글 클래스룸(Google Classroom), 구글 드라이브(Google Drive), 구글 설문(Google Forms), 지메일(Gmail) 등의 구글 앱을 적극적으로 교수 학습 도구로 사용했다. 그 결과 컴퓨터 활용 능력이 낮은 다수의 영어영문학과 학생들은 처음에는 낯설게만 느꼈던 구글 앱 활용에 대한 불만이 있었지만, 점차 익숙해지면서 편리하게 사용하게 되었고, 나아가 다른 수업 과제에서도 활용하는 긍정적인 변화를 보였다.

'영어학 개론'이 아니라 '구글학 개론'이라는 불만 섞인 평가를 받으면서도 이렇게 디지털 혁신 교육에 앞장섰던 것은 교육자로서의 전문성과 신념 때문이었다. 다수의 영작문 수업을 구글 드라이브를 활용해 편리하게 진행했던 경험을 바탕으로, 가장 쉽고 유용한 '디지털 리터러시' 경험이 구글 앱을 활용한 수업이라고 판단하여 이를 적극 도입하기로 결정했다. 앞으로도 수많은 온라인 플랫폼이 출시되고 사라질 것이다. 이때, 영어 교사뿐만 아니라 모든 교육자에게 필요한 디지털 리터러시 역량은 교수 학습 환경에 맞는 새로운 도구들을 찾아내고 그것을 적극적으로 교수 학습 활동에 활용할 수 있는 능력일 것이다.

영어 교사의 데이터 리터러시

데이터 리터러시(Data Literacy)는 보통 데이터가 어떻게 수집되고 처리되는지, 그리고 데이터를 통해 어떻게 의미 있는 결론을 도출할 수 있는지에 대한 이해를 포함한다. 데이터 리터러시는 데이터 중심의 결정을 내리는 데 필수적이며, 현대 사회에서 더욱 중요해지고 있다. 그렇다면 영어 교사가 갖춰야 할 주요 데이터 리터러시는 무엇이 있을까?

우선 다양한 영어 코퍼스(corpus) 자료를 수집하거나 다룰 수 있는 능력이 필요하다. 영어 코퍼스는 실제 사용되는 언어 데이터를 모아 놓은 것으로, 언어의 용법, 어휘 빈도, 문법 구조 등을 분석하는 데 활용된다(Biber, 2023). 영어 교사는 이러한 코퍼스 자료를 활용하여 학생들에게 실제적이고 빈번한 언어 사용 사례를 제시할 수 있으며, 이를 통해 학생들의 언어 이해도를 높일 수 있다(Han & Shin, 2017).

다음으로 영어 교사는 학생들의 영어 학습 데이터 수집 및 분석, 해석 능력을 갖추어야 한다. 수업 과제를 통해 얻은 학습 데이터에서 학생들이 어려움을 겪고 있는 문법 항목이나 어휘를 파악하고, 이를 바탕으로 수업 내용을 조정하거나 맞춤형 학습 자료를 제공함으로써 학습 효율성을 높일 수 있다.

앞으로 AI 디지털 교과서의 도입으로 코퍼스 활용과 학습자 데이터 수집 과정 등이 자동화될 예정이다(한국교육학술정보원, 2023). 이러한 시대에 영어 교사는 유용한 영어 코퍼스나 학습자 코퍼스를 구축하거나 분석하여, 새롭게 도입되는 AI 데이터 기반 교수 학습 설계 및 평가 시스템의 성능을 높이고, 더불어 영어 학습자에게 효과적이고 개인화된 교육을 제공할 수 있을 것이다.

영어 교사의 인공지능 리터러시

인공지능 리터러시(AI Literacy)는 인공지능 기술을 이해하고 활용하는 능력으로, AI가 어떻게 작동하는지, 그리고 AI를 통해 어떻게 가치를 창출할 수 있는지에 대한 이해를 포함한다. 오픈AI의 챗지피티(ChatGPT), 구글의 제미나이(Gemini) 등의 생성형 AI(Generative AI) 도구의 등장으로 인해, AI 리터러시는 모든 분야에서 점점 더 중요해지고 있다.

영어 교사가 갖추어야 할 AI 리터러시는 우선 다양한 AI 도구를 탐색하고 교수 학습 환경에 알맞게 선택하는 능력이다. 현재 너무나 많은 AI 도구가 출시되어 적절한 도구를 선택하는 데 어려움을 겪을 수 있다. 이러한 문제를 극복하기 위해 영어 교사는 교사 간의 교류와 모임, 학술 대회 참여 등을 통해 최신 AI 기술 및 도구에 대한 정보를 지속해서 업데이트하고, 미래 전망을 이해하는 것이 중요하다. 최근 몇 년간 한국영어교육학회, 한국초등영어교육학회, 한국멀티미디어언어교육학회 등의 주요 국내 주요 영어 교육 학회에서 AI와 영어 교육이라는 주제로 다양한 논의와 발표가 이루어져 왔다. 이러한 학술 대회 등에 참여하면서 영어 교사들은 최신 기술 동향을 파악하고 실제 교육 현장에서의 AI 활용 방안을 모색할 수 있을 것이다.

AI 시대 영어 교사에게는 AI 도구의 활용 과정에서 실제적인 영어 학습이 이뤄질 수 있도록 수업 목표에 맞는 '과업(task)'을 잘 설계하는 능력 또한 요구된다. 예를 들어 구글 번역기(Google Translate)나 챗지피티 등의 AI 도구를 활용한 번역이나 글쓰기 과제를 낼 때는 AI 도구를 단순히 일회적으로 사용하는 데 그치지 않고, 학생들이 AI의 결과물을 분석하고, 본인의 과제를 수정하고 개선하는 과정을 통해 영어의 문법, 어휘, 문체 등을 자연스럽게 익히도록 과정 중심(process-oriented) 과업 설계가 중요하다. 결과가 아닌 과정을 통해서 학생들은 본인의 실제 영어 능력을 파악하고, AI 도구로 보완할 수 있는 전략적 학습을 수행함으로써, 학생들의 영어 학습을 촉진할 수 있기 때문이다(Kim & Han, 2023).

이처럼 AI 시대에 영어 교사의 디지털 역량은 기초 디지털 리터러시에서부터, 다양한 영어 및 학습 데이터에 대한 수집 및 활용하는 데이터 리터러시, 그리고 최신 AI 도구를 활용한 효과적인 영어 학습 과제 설계에 이르는 AI 리터러시까지를 아우른다. 이러한 디지털 기반 융합 능력을 기르기 위한 영어 교사의 지속적인 노력은 필수다.

참고문헌

한국교육학술정보원(2023). AI 디지털교과서 개발 가이드라인. https://www.keris.or.kr/main/ad/pblcte/selectPblcteETCInfo.do?mi=1142&pblcteSeq=13722

뉴스밴드(2019.10.17). 한밭대, 교육 혁신을 위한 구글 클래스룸 활용법 특강.

https://www.newsband.kr/news/articleView.html?idxno=181955

Biber, D.(2023). Writing and Speaking. *The routledge international handbook of research on writing*. Routledge.

Dabic, T., et al.(2019). Language benefits with Skype in the classroom. *International Conference on Information Technology and Development of Education – ITRO* (Vol. 2019).

Kim, M. & Han, S.(2023). A case study on integrating machine translation into EFL writing instruction: Focusing on Google Translate. *Korean Journal of Eenglish Language and Linguistics*, 23, pp.1111–1135.

Han, S. & Shin, J. A.(2017). Teaching Google search techniques in an L2 academic writing context. *Language Learning & Technology*, 21(3), pp.172–194.

08
인공지능을 활용한 인기 영어 학습 앱 분석

AI 시대의 도래로 영어 교육의 방향과 방법은 근본적인 변화를 맞이하고 있다. 인공지능을 활용한 영어 학습 앱들은 사용자 맞춤형 학습 경험을 제공하며, 개별 학습자의 필요와 학습 스타일에 최적화된 콘텐츠와 피드백을 제공한다. 이를 통해서 영어 학습의 효율성을 극대화하고, 사회 경제적 배경에 상관없이 많은 사용자에게 접근 가능한 영어 학습 기회를 제공한다. 본 장에서는 현재 인기 있는 영어 학습 앱을 조사하고 소개한다.

AI와 한의학?

유튜브, 구글 번역기, 그리고 챗GPT

최근 10년간 영어 교육에 가장 큰 영향을 미친 플랫폼 또는 앱은 유튜브(Youtube), 구글 번역기(Google Translate), 그리고 챗지피티(ChatGPT)일 것이다. 이들 플랫폼은 영어 학습의 방식과 접근성을 혁신적으로 변화시켰다. 유튜브는 영어 학습을 위한 다양한 영상 콘텐츠를 제공하며, 학습자들이 자신의 수준에 맞는 수업을 자유롭게 선택할 수 있게 했다. 영어 학습 채널, 강의, 원어민 대화 영상 등은 비형식적 학습에 크게 이바지했다. 다음으로 구글 번역기는 2010년대 중후반부터 본격적으로 사용되면서 영어 번역 및 언어 이해에 있어 즉각적이고 쉽게 접근 가능한 도구로 자리 잡았다. 특히 실시간 번역 기능은 영어 텍스트 이해 및 문장 작성에 중요한 역할을 했다. 최근에는 챗지피티를 비롯한 생성형 AI(Generative AI) 도구들이 학습자와의 상호작용을 통해 영어 쓰기, 말하기, 듣기 연습을 더욱 심화한 방식으로 지원하고 있다. 톡투챗지피티(Talk-to-ChatGPT), 듀오링고, 라이팅젤 등 다양한 AI 기반 서비스는 학습자에게 맞춤형 피드백과 학습 경로를 제공함으로써, 영어 교육에 큰 변화를 이끌고 있다.

인기 AI 영어 학습 앱

영어 학습 관련 구글 앱에 대한 리뷰 분석 연구(김기연·한수미, 2022)에 따르면, 2021년 7월 1일 기준으로 총 250개의 영어 학습 관련 앱이 구글 플레이 스토어에서 검색되었다. 지난 수년간 영어 학습 앱들은 사용자들의 영어 학습 방식에 큰 영향을 미치고 있다. 최근에는 AI 기술을 적극적으로 반영하여 발음 교정, 어휘 확장, 문법 학습 등 다양한 기능을 제공하여 학습자들의 필요에 맞춘 맞춤형 학습을 지원하고 있다. 이러한 영어 학습 앱들은 접근성과 편의성 덕분에 많은 학습자에게 인기를 얻고 있다.

한국인 영어 학습자를 대상으로 인기 있는 AI 기반 영어 학습 앱에는 말해보카(https://epop.ai/ko), 스픽(Speak, https://www.usespeak.com/), 듀오링고(Duolingo, https://duolingo.com), 산타토익(Santa AI TOEIC, https://ai.aitutorsanta.com) 등이 있다. 말해보카는 AI를 기반으로 한 영어 학습 앱으로, 특히 발음 교정과 듣기 연습에 주력하고 있다. 사용자가 영어 문장이나 단어를 듣고 이를 따라 말하면, AI가 즉시 피드백을 제공해 발음 개선을 도와준다. 이 앱은 학습한 단어를 효과적으로 기억하도록 복습 주기를 자동으로 설정해 주며, 첫 실수 후 바로 복습을 유도하고, 이후 며칠 간격으로 반복 학습을 지원한다. 또한, R과 L처럼 한국인이 구분하기 어려워하는 단어들에 대해 훈련도 할 수 있어 발음 교정에 유용하다.

스픽은 AI 기반 영어 회화 학습 도구로, 주로 말하기 연습에 중점을 두고 있다. 사용자는 AI 튜터와 대화를 통해 발음과 표현을 연습하며, 즉각적인 피드백을 받아 실수를 교정할 수 있다. 한국인 영어 음성 데이터를 바탕으로 음성 인식 모델을 개발하고, 음소 단위 분석 및 실시간 피드백을 제공하며, 오픈AI와의 제휴를 통해 AI 학습 환경을 강화하고 있다. 또한 반복적인 패턴 학습과 복습 기능을 통해 학습 효과를 극대화하고, 발음 교정 기능도 제공함으로써 사용자가 더욱 자연스러운 영어 말하기를 습득할 수 있도록 돕고 있다.

듀오링고는 영어를 포함해서 30개 이상의 언어를 학습할 수 있는 인기 언어 학습 앱이다. 특히 언어 학습 과정을 게임(게미피케이션)처럼 진행하는데, 다양한 퀴즈와 도전 과제를 통해 학습 동기를 높이고, 사용자의 학습 진도를 기반으로 맞춤형 문제와 연습을 제공한다. 또한 읽기, 쓰기, 말하기, 그리고 듣기 학습에서 다양한 유형의 연습 문제를 제공함으로써 종합적인 언어 능력을 향상하는 데 중점을 둔다. 최근 가르치는 학생들 사이에서 듀오링고의 인기가 압도적이다.

산타토익은 앱 이름에서 알 수 있듯이 토익(TOEIC, Test of English for International Communication) 시험 준비를 돕기 위해 다양한 기능을 제공한다. 이 앱은 AI를 활용하여 학습자의 강점과 약점을 분석하고 맞춤형 학습 계획을 제시한다. 또한 실제 토익 시험과 유사한 문제를 제공하여 실전 감각을 익히도록 지원하며, 문제 풀이 후 즉각적인 피드백을 제공해 학습 효과를 높인다. 산타토익은 토익의 여러 파트인 읽기, 듣기 문법 등에 필요한 다양한 학습 자료를 제공하며, 학습 진도를 추적하고 분석하여 효율적인 학습을 지원한다.

이 외에도 문법이나 표현의 교정을 위한 그래머리(Grammarly)나 한글-영어 자동 번역을 위한 구글 번역기(Google Translate)와 네이버 파파고(Naver Papago)도 오랫동안 영어 학습 앱으로 사랑받아 왔다(Kim & Han, 2023). 이처럼 AI 기반 영어 학습 앱들은 학습의 효율성을 극대화하고, 사회 경제적 배경에 상관없이 많은 사용자에게 접근 가능한 영어 학습 기회를 제공할 수 있다. AI 기술이 발전함에 따라 영어 교육은 더욱 개인화되고, 학습 격차 해소에 중요한 역할을 할 것으로 기대된다.

미래의 AI 영어 학습 도구

미래의 영어 학습 앱은 어떤 모습일까? 우선 AI 기술의 발전으로 영어 학습 앱에 멀티모달 기능이 추가되어 텍스트, 음성, 이미지 등을 다양하게 활용하여 학습할 수 있게 도울 것이다. 예를 들어 학생이 영어 문장을 읽거나 문장 완성 연습에서 사용자가 주어진 문장을 완성하도록 요구받고, AI는 즉시 정답 여부를 확인해 줄 수 있다. 또는 학생이 특정 이미지를 보고 그에 대한 설명을 작성하거나, 이미지와 관련된 단어를 학습하는 연습을 할 수 있다. AI는 이미지와 관련된 적절한 단어와 문장을 제공하여 시각적인 학습을 지원할 수 있다. 이러한 멀티모달 학습 방식은 다양한 감각을 활용하여 학습자의 이해를 돕고, 더욱 풍부하고 효과적인 학습 경험을 제공할 것이다.

또한 누구나 특별한 코딩 지식이나 기술 없이도 쉽게 만들 수 있는 DIY(Do-It-Yourself) 영어 학습 도구가 많이 만들어질 것이다. 최근에 도입된 오픈AI의 지피티스(GPTs, https://chatgpt.com/gpts)나 구글의 노트북LM(NotebookLM, https://notebooklm.google.com)과 같은 AI 플랫폼은 누구나 다양한 목적(학습, 연구, 마케팅 등)을 위해서 맞춤형 AI 도구를 개발할 수 있는 기반을 제공한다. 이러한 AI 플랫폼은 생성형 사전학습 트랜스포머(GPT, Generative Pre-trained Transformer) 모델을 특정 데이터로 학습시키거나 특정 기능에 맞추어 조정하여 맞춤형 학습 도구, 챗봇, 콘텐츠 생성 도구 등으로 효과적이다(Tao et al., 2023). 따라서 영어 학습자나 교수자는 이러한 플랫폼을 활용하여 쉽게 본인의 필요에 맞는 맞춤형 AI 보조 학습 프로그램을 설계하고 일반 대중과 공유할 수 있게 되었다. 앞으로 더 많은 AI 영어 학습 앱 또는 도구가 만들어지리라 예상한다.

개인적으로 영어영문학과의 '음성학 및 발음 연습' 수업에서 챗지피티에서 제공하는 여러 가지 지피티스를 활용하여 수업을 진행하면서, 지피티스의 교수 학습 효과를 경험했다. 우선 영어 발음 학습을 위해 'Pronounce Coach'를 사용하고, 영어학 관련 수업 자료 제작에는 'Phonetics and Phonology'와 'College Phonetics and Phonology'를 적극적으로 활용함으로써, 수업 준비를 효율적으로 할 수 있었다. 학생들은 이러한 지피티스를 활용하면서 음성학과 발음 학습에 대한 흥미를 높였고, 정확하고 즉각적인 피드백을 받으며, 자기 주도적인 학습을 진행할 수 있었다. 앞으로 많은 영어 교사나 학생들이 스스로 이러한 AI 플랫폼을 활용하여 다양한 교수 학습 도구를 만들어서 공유하기를 기대해 본다.

참고문헌

김기연·한수미(2022). 텍스트 마이닝 기법을 활용한 구글 플레이 스토어 영어학습 앱 사용자 리뷰 분석. ≪디지털콘텐츠학회논문지≫, 23(10), 1901-1908쪽.

Kim, M. & Han, S.(2023). A case study on integrating machine translation into EFL writing instruction: Focusing on Google Translate. Korean Journal of English Language and Linguistics, 23, pp.1111-1135.

Tao, G., et al(2023). Opening a Pandora's box: Things you should know in the era of custom GPTs. *arXiv preprint arXiv:2401.00905.*

09
생성형 인공지능 기술을 활용한 효과적인 영어 학습법

생성형 인공지능 기술은 앞으로도 지속적인 혁신을 이루며 영어 교육에 새로운 도전을 제시할 것이다. 이 장에서는 이러한 AI 기술 발전에 대응하기 위해, 영어 학습자들이 가져야 할 중요한 자세가 무엇인지 살펴보았다. 또한 저자의 실제 교수 학습 사례를 통해 AI 영어 학습 도구의 효과적인 활용 방안과 지도 방법을 심층적으로 분석했다.

AI와 화장품?

효과적인 영어 학습을 위한 자세

영어 학습뿐만 아니라 모든 학습은 일련의 복잡하고 상호 연관된 의사 결정 과정을 통해 이루어지는 고도의 인지적 활동이다. 이는 단순히 정보를 습득하는 것을 넘어서, 학습자가 자신의 학습 목표, 현재 상태, 가용 자원을 지속해서 평가하고 조정하는 역동적인 과정을 의미한다.

저자는 학습 과정을 다음의 네 단계로 구분한다. 첫 번째 단계는 '목표 설정'으로 우선 구체적이고 측정 가능한 목표를 정의한다. 두 번째는 '현재 능력 진단'인데, 이 단계에서 학습자의 현재 수준과 목표 간 격차를 파악한다. 세 번째 단계에서는 '학습 전략 수립'으로 개인 맞춤형 학습 방법을 선택하고, 마지막 단계는 '실행 및 지속적 연습'으로 전략 실행과 주기적 점검 및 조정을 실시한다. 이 체계적 접근법은 학습 효율성을 높이고 학습자의 자기 주도성을 강화한다. 학습자들은 주로 '목표 설정'과 '현재 능력 진단'을 잘 수행하지만, '학습 전략 수립'과 '실행 및 지속적 연습'에서 어려움을 겪는다. 특히 수많은 생성형 AI 도구 중에서 본인의 학습 목적에 맞는 효과적인 도구를 찾는 것과, 그 도구를 활용하여 꾸준하게 영어 학습을 실행하는 것은 쉬운 일이 아니다. 한국과 같은 외국어로서의 영어(EFL, English as a Foreign Language) 환경에서는 영어 학습 동기 유지가 더욱 어려울 수 있다.

따라서 학습자는 이 마지막 두 단계를 성공적으로 수행하는 데 최선을 다해야 한다. 필요하다면 첫 단계인 '목표 설정'으로 돌아가 목표를 조정하여 학습 성공 경험을 최대한 확보해야 한다. 이는 학습의 지속성과 효과성을 높이는 데 매우 중요한 요소다. 저자의 경우, 생성형 AI 도구나 기술에 대한 학습을 주로 페이스북 AI 전문가 그룹(예를 들어 AI Korea, EDTECH Lounge)이나 카카오톡 오픈 채팅 챗지피티(ChatGPT) 대학생 연합인 '지피터스(GPTers)'를 통해 꾸준히 해 왔다. 이러한 온라인 커뮤니티는 최신 AI 기술 동향과 교육적 적용 사례를 실시간으로 공유하는 플랫폼으로, 학습자들에게 귀중한 정보의 원천이 된다. 관심 분야의 온라인 그룹에 단순히 참여만 하여도, 실시간으로 올라오는 포스트나 댓글 대화를 통해 생성형 AI에 대한 중요한 정보를 식별하고 이를 교육에 지속해서 적용할 수 있었다. 이는 수동적인 참여만으로도 학습이 이루어질 수 있음을 보여 주는 좋은 예시다. 하지만 더 나아가 적극적으로 질문을 던지고 토론에 참여한다면, 학습 효과를 극대화할 수 있을 것이다.

생성형 AI 활용 효과적인 영어 학습법

현재 챗지피티를 비롯해 제미나이(Gemini), 클로드(Claude), 퍼플렉시티(Perplexity) 등 다양한 지피티 모델 기반 플랫폼들이 우후죽순 생겨나고 있으며, 이를 텍스트, 음성, 이미지, 영상 등의 생성에 활용하는 생성형 AI(Generative AI) 기술이 급속히 발전하고 있다. 영어 교육 분야에서도 이러한 생성형 AI 기술을 활용한 효과적인 교수 학습 방법에 관한 연구가 활발히 진행되고 있다(Kim & Han, 2024).

영어 학습에서 AI 도구를 효과적으로 활용하기 위해서는 체계적이고 지속적인 접근이 필요하다. 먼저 개인의 학습 목표를 명확히 설정하고, 이에 맞는 AI 기반 영어 학습 도구를 신중히 선택해야 한다. 여러 도구를 직간접적으로 사용해 본 후, 최종적으로 선택한 도구를 일상적으로 활용하며, AI가 제공하는 분석 기능을 통해 주기적으로 자신의 진전을 평가하고 학습 방식을 조정하는 것이 중요하다. 또한 온라인 영어 학습 커뮤니티에 적극적으로 참여하여 다른 학습자들과 경험을 공유하고, 새로운 학습 방법이나 도구에 대한 정보를 교환함으로써 학습의 효율성을 높일 수 있다. 이러한 종합적인 접근을 통해 학습자는 AI 영어 학습 도구를 최대한 활용하여 자신의 영어 능력을 지속해서 향상할 수 있을 것이다.

저자가 다양한 영어 학습자를 대상으로 (생성형 AI) 영어 학습 도구를 어떻게 소개하고 활용하도록 가르치고 있는지를 정리해 보았다. 우선 저자의 5세 아들의 영어 교육 목적은 '영어에 대한 흥미와 관심'이 생기도록 하는 것이다. 따로 영어 학습을 하고 있지 않고, 대신 지난 7개월간 유튜브 키즈 앱에서 영어로 된 영상을 매일 20분가량 시청하고 있다. 유튜브 시청을 위해서는 몇 가지 규칙이 있는데, 처음에는 좋아하는 중장비 영상을 위주로 시청하다가, 경찰 캐릭터가 나오는 애니메이션 〈퍼피 구조대(Paw Patrol)〉나 〈블리피(Blippi)〉 등을 즐겨 보았다. 최근에는 〈오즈의 마법사(The Wizard of Oz)〉 이야기를 좋아해서 그 영어 애니메이션 영상을 자주 시청하고 있다. 기본적으로 내용을 알고 있으므로 영상에 나오는 영어 표현을 모르더라도 시청할 수 있는 것 같다. 앞으로 이러한 영상에 나오는 표현을 직간접적으로 한두 개씩 알려 줄 생각이다. 최근 아동 대상 독서 기반 소리 내어 읽기 프로그램인 구글의 '리드 어롱(Read Along)' 베타 버전(https://readalong.google.com/)을 사용해 보았는데, 앞으로 아들에게 소개해 볼까 한다.

20대인 대학생들에게 추천하는 생성형 AI 도구는 듀

오링고(Duolingo)와 톡투챗지피티(Talk-to-ChatGPT)다. 듀오링고는 수업에서 다수의 학생이 사용해 보고 좋은 AI 학습 앱이라고 평가해 왔는데, 아마도 게임 기반 학습 모델을 적용했기 때문에 학생들이 흥미와 재미 그리고 성취감을 느낄 수 있었던 것 같다. 톡투챗지피티는 구글 크롬 브라우저에서 익스텐션으로 추가해서 사용할 수 있는 '챗지피티와 대화 챗봇'이다. 영어 대화를 자연스럽게 나눌 수 있어서 개인적으로 좋아하고 종종 사용하고 있다.

다양한 영어 표현이나 영상을 위해서는 유튜브 채널 구독을 적극적으로 권한다. 학기 초에 학생들에게 좋은 영어 학습 채널 조사를 하도록 하면서 유튜브의 영어 교육적 효용을 널리 알려 왔다. 개인적으로 꾸준히 구독하는 영어 학습 관련 유튜브 채널은 영국식 영어와 재미를 느낄 수 있는 '권아나TV'와 유용한 영어 표현을 알려 주는 '부산영어방송' 등이 있다. 이러한 유튜브 영상 반복 시청을 통해서 영어에 대한 노출을 최대화하면서 부담 없는 학습을 꾸준히 진행할 수 있다.

다음으로 영어 글쓰기는 기본적으로 챗지피티나 뤼튼(https://wrtn.a/) 등의 다양한 AI 플랫폼이나 앱을 통해 가능하다(곽지영, 2023; 한민철, 2023). 이러한 AI 도구들은 영어 글쓰기 능력 향상을 위한 혁신적인 방법을 제공한다. 학습자들은 생성형 AI와의 상호작용을 통해 자신의 영어 글쓰기 능력을 진단하고, AI가 제시하는 개선 사항을 바탕으로 어휘 선택, 문법 사용, 글의 전체적인 구조 등을 체계적으로 수정하며 영어 글쓰기 실력을 향상할 수 있다. 이러한 과정에서 AI는 개인화된 피드백을 제공하여 학습자가 자신의 약점을 파악하고 집중적으로 개선할 수 있도록 돕는다.

AI 도구의 효과적인 활용을 위해서는 영어 글쓰기의 기초를 이해하고 학습하는 것이 필수다. 문단 구조, 주제문과 뒷받침 문장의 관계, 논리적 흐름, 결론 도출 방식 등의 기초 지식은 AI 제안을 비판적으로 평가하고 적용하는 데 중요하다. 또한 충분한 배경지식으로 AI가 생성한 글의 부정확한 정보나 환각(hallucination) 현상을 식별하고 수정할 수 있어야 한다. AI 도구를 활용한 영어 글쓰기 학습은 적극적인 상호작용과 질문을 통해 이루어져야 한다. 학습자는 AI에게 문장 개선, 어휘 선택, 문장 구조 다양화 등에 대해 구체적으로 질문하고, 답변을 바탕으로 글을 지속해서 수정해야 한다. 이 과정을 통해 학습자는 영어 글쓰기의 다양한 측면을 깊이 이해하고, 궁극적으로 AI 없이도 높은 수준의 글쓰기 능력을 갖출 수 있게 된다.

끝으로 영어 시험을 준비하기 위한 생성형 AI 영어 학습의 경우를 생각해 보자. 토익 시험 준비에 생성형 AI 도구의 도움을 받을 수 있다. 저자의 기초 영어학 수업에서 학생들이 가장 좋아했던 과제가 바로 '챗지피티로 토익 문제 만들기'였다. 한국의 많은 대학생에게는 여전히 토익 시험에 대한 부담감이 있는데, 생성형 AI 도구를 이용해서 시험을 준비할 수 있다는 점에서 매력적이었다는 평가가 있었다. 단, 학생들의 토익에 대한 기본 지식에 따라서 프롬프트(prompt)가 달라지고 토익 문항이 제작되기 때문에, 챗지피티에게 질문 요청을 잘하도록 하는 '프롬프트 엔지니어링(prompt engineering)'이 매우 중요하며 이에 대한 연습을 요한다. 챗지피티 등의 생성형 AI 플랫폼은 토익 시험 외에도 기존 수능 시험 문제지와 답안지를 바탕으로 수능 시험을 위한 모의고사 문제를 제작하거나, 면접 질문지와 응답지 제작 등에 활용할 수 있다.

AI 기술의 변화에 압도되지 않고, 본인의 학습 목표와 현재 능력을 객관적으로 파악하여 목적에 맞는 학습 도구를 선택하고 꾸준히 학습해 나가는 자세가 무엇보다도 중요하다. 나아가 스스로 이러한 영어 학습 도구를 제작하고 공유하는 것이 가능하다면 학습 효과는 엄청날 것이다.

참고문헌

곽지영(2023). 『영어교육의 AI 혁명: ChatGPT, Google Bard 활용법』. 아이엠스쿨.

한민철(2023). 『챗GPT교사 마스터플랜. feat. 미드저니, 뤼튼, 빙챗 등 생성형 AI(인공지능) 도구』. 책바세.

Kim, M. & Han, S.(2024). Enhancing college english courses with generative artificial intelligence: Insights into student perceptions and emotional dynamics. *Korea association of teachers of english (KATE) conference.* Yeosoo, South Korea.

10
AI로 그리는 하이터치 하이테크 영어 교육

AI로 구현하는 하이터치 하이테크(High Touch, High Tech) 영어 교육은 교사의 인간 중심적 지도와 AI 기반 영어 학습의 기술적 지원을 결합한 교육 방식이다. 이 접근법은 학생들에게 맞춤형 학습을 제공하면서도 교사의 역할을 중심으로 학생 간 상호작용과 참여를 극대화하는 것을 목표로 한다. 이 장에서는 AI 기반 영어 교육의 핵심 주체인 학생, 교사, 그리고 AI의 역할을 살펴보고, 미래 영어 교육을 위한 제언을 제시했다.

종교와 AI?

학생, 교사, 그리고 AI의 역할

AI로 구현하는 하이터치 하이테크(High Touch, High Tech) 영어 교육은 교사의 인간 중심적 지도(하이터치)와 AI 기술을 통해 영어 학습의 기술적 지원(하이테크)을 결합한 교육 방식이다. 이 접근법은 학생들에게 맞춤형 학습을 제공하면서도 교사의 역할을 중심으로 학생 간 상호작용과 참여를 극대화함으로써 사회적 · 정서적 역량을 키워 준다. 교사, 학생, 그리고 AI는 각자의 역할을 수행하면서 상호 보완적으로 작용하고 영어 교육의 효과를 극대화할 수 있다(정제영 외, 2023).

구체적으로 학생은 AI와의 상호작용을 통해 맞춤형 학습을 경험하며, 학습의 주도적인 관리자가 된다. AI가 제공하는 실시간 피드백과 자료를 바탕으로 자신의 학습 속도에 맞추어 진행할 수 있으며, 어려움을 겪는 부분에 대해 더 깊이 공부할 수 있는 기회를 얻는다. 또한 교사와의 상호작용을 통해 비판적 사고를 기르고, 그룹 학습과 토론 활동을 통해 실제 영어 의사소통 능력을 향상한다.

교사는 AI가 제공하는 데이터를 기반으로 학생들의 영어 학습 진행 상황을 모니터링하고, 개별 학생에게 필요한 심화 학습을 제공하는 데 중점을 둔다. 또한 교사는 학생들에게 비판적 사고와 창의적인 문제 해결 능력을 기를 수 있도록 정서적, 학문적 지원을 아끼지 않으며, 프로젝트 기반 영어 학습과 자율적 토론 등 협력적 학습 환경을 조성한다. 이로써 교사는 AI가 할 수 없는 인간적 지도와 상호작용을 통해 학생들의 학습 경험을 풍부하게 한다.

AI는 학생의 영어 학습 데이터를 실시간으로 분석하여 개별화된 학습 경로를 제시하고, 반복이 필요한 부분을 식별하여 맞춤형 피드백을 제공한다. AI는 교사에게 학생들의 학습 진행 상황을 시각화하여 제공함으로써, 교사가 학습 목표를 조정하거나 추가적인 지원이 필요한 지점을 쉽게 파악할 수 있게 돕는다. AI는 학습 데이터를 기반으로 영어 교육에서 개인화된 학습을 지원하며, 교사와 학생 간의 효율적인 상호작용을 촉진한다.

이처럼 하이터치 하이테크 영어 교육으로 전환되면서, 교사의 인간 중심적 지도와 AI 기술의 맞춤형 학습 지원이 상호 보완적으로 작용할 것이다. 이를 통해서 학생들은 AI로부터 실시간 피드백과 개인화된 학습 경로를 제공받으며, 동시에 교사의 정서적, 학문적 지도를 통해 심화된 학습 경험을 얻어 자신의 영어 능력을 효과적으로 향상할 수 있을 것이다.

AI 보조 교사와 AI 튜터

더 구체적으로 AI 기반 영어 교육은 AI 보조 교사와 AI 튜터 개발을 통해서 실현될 것이다. 이 두 가지는 교육의 보완적 역할을 하며, 각각 교사와 학생을 지원하는 방식에 차이가 있다(한국교육학술정보원, 2023).

AI 보조 교사는 교사의 역할을 보완하고 학생 개개인의 학습 경험을 향상하기 위해 AI 기술을 활용하는 도구로, 주로 학습 데이터 분석과 맞춤형 학습 자료 제공을 담당한다. 영어 교육에서 AI 보조 교사의 주요 기능은 학생의 영어 학습 성취도와 약점을 실시간으로 파악해, 개별 맞춤형 학습 계획을 제공하며, 반복 학습이 필요한 부분을 자동으로 제시하는 것이다. 이를 통해 영어 교사는 더 효율적으로 학급을 관리하고, 창의적이고 심화한 영어 학습을 지도하는 데 집중할 수 있다.

한편, AI 튜터란 인공지능 기술을 활용하여 학생들에게 개별화된 학습 경험을 제공하는 교육 도구 또는 시스템을 말한다. 이 시스템은 학생의 영어 학습 데이터를 분석하여 학습자의 현재 수준, 학습 스타일, 취약한 부분 등을 파악하고, 이에 맞는 맞춤형 학습 콘텐츠와 피드백을 실시간으로 제공한다. 이를 통해 학생은 자신의 학습 속도에 맞추어 학습할 수 있으며, 반복 학습이 필요한 영역을 AI가 자동으로 추천하거나 추가 학습 자료를 제공하기도 한다.

AI 보조 교사와 AI 튜터는 내년부터 초중고에 도입되는 AI 디지털 교과서(AIDT)의 핵심 요소로서, 앞으로 학생들의 학습 경험을 개인화하고 교사의 교육 효과성을 극대화하는 데 중요한 역할을 할 것이다. 이러한 변화는 전 세계적으로 주목받고 있으며, 현재 각국에서 이러한 시스템을 개발하고 적용하고 있다. 예를 들어, 칸아카데미(Khan Academy)의 칸미고(Khanmigo)는 오픈AI 언어 모델의 최신 버전인 지피티-4(GPT-4)를 활용한 AI 튜터로, 교육자의 교수 학습 활동을 효율적으로 도와준다는 평가를 받고 있다. 대학들은 이미 이러한 AI 학습 보조 프로그램을 개발하고 활용해 왔다. 예를 들어 미국 조지아 공과대학은 2016년에 '질 왓슨(Jill Watson)'이라는 AI 조교를 수업에 처음 도입했고, 미국 애리조나주립대에서 활용 중인 AI 튜터 알렉스(ALEKS)는 수학과 과학 과목에서 개인 맞춤형 학습을 제공하는 대표적인 AI 시스템이다. 이 사례들은 AI 기술이 교육 분야에서 성공적으로 적용되고 있음을 보여 주며, 앞으로 더 많은 대학과 교육 기관에서 AI 기반 학습 도구의 도입이 확대될 가능성을 시사한다(염재호 외, 2024).

하이터치 하이테크 영어 교육을 위한 제언

인간 교사와 AI가 학습자의 자기 주도적 학습을 위해서 유기적으로 협력하는 하이터치 하이테크 영어 교육을 실현하기 위해 다음과 같은 노력이 필요하다.

우선 영어 교사가 소외되지 않는 교수 학습 환경을 조성해야 한다. 즉, AI가 교사를 대체하는 것이 아니라, 교사의 역할을 보완하고 지원하는 도구로 자리 잡아야 한다. 예를 들어 AI는 영어 에세이와 독해 텍스트에 대한 문장 구조와 논리적 흐름을 분석해 피드백을 제공하고, 영어 교사는 창의성, 표현력, 비판적 사고를 발전시키기 위한 조언을 제공하며 글의 흐름을 개선하는 데 중점을 두는 것이다. 이때 영어 교사들이 AI 도구를 효과적으로 활용하고 자신의 역할을 강화하여 준비하기 위해, AI 기술의 발전에 따라 교사들이 최신 도구와 기술을 활용할 수 있도록 지속적인 교육과 지원이 필요할 것이다.

둘째, 학생의 학습 동기를 유지하고 증진하기 위한 효과적인 학습 환경을 조성해야 한다. 저자의 경험에 따르면, 많은 학생이 처음에는 새로운 도구를 활용한 학습에 관심을 보이지만, 시간이 지남에 따라 반복적인 학습 과제에 지루함을 느끼면서 동기가 저하되는 경향이 있었다. 따라서 효과적인 AI 활용 영어 학습을 위해서 학습자의 다양한 동기 요인을 파악하고 적절한 난이도와 도전 과제를 통해서 학습 동기가 지속되도록 해야 한다.

저자의 경우, 영어영문학과 수업에서 다양한 AI 활용 과제를 활용해 왔는데, 챗지피티(ChatGPT)를 활용한 토익(TOEIC) 문항 만들기에 대한 학생들의 과제 만족도가 다른 어떤 과제보다 높았다. 이는 한국 대학생들이 토익 시험에 대한 높은 관심과 실질적인 필요성을 느끼고 있기 때문이었다. 이처럼 학습 목표와 실생활의 필요성을 연결하는 과제는 AI 기반 영어 학습에서도 여전히 중요하며, 이러한 교수 학습 설계 및 전략을 수립하는 것은 여전히 교사의 중요한 임무일 것이다.

마지막으로, 학생 참여와 상호작용을 강화하는 과업을 설계하고 제공해야 한다. AI 기반 학습이 제공하는 맞춤형 학습 외에도, 교사는 프로젝트 기반 학습이나 토론, 협동 학습과 같은 활동을 통해 학생 간 상호작용을 유도해야 한다. 이를 통해 학생들은 AI에 의존하는 것이 아니라 AI를 활용하면서, 영어를 실제로 사용하고 문제를 해결하는 능력을 기를 수 있다.

이러한 노력을 통해 하이터치 하이테크 영어 교육이 성공적으로 구현되면, AI와 인간 교사는 각자의 강점을 극대화하여 상호 보완적으로 작용하며, 학생들의 자기 주도적인 영어 학습을 촉진할 수 있을 것이다. 결국 AI와 인간 교사가 함께하는 영어 교육은 글로벌 무대에서 활약할 미래 인재를 키우는 든든한 초석이 될 것이다. 앞으로 혁신적으로 변화될 영어 교육의 도약을 기대하며, 그 밝은 미래를 응원한다.

참고문헌

염재호 외(2024). 『AI시대 대학교육의 미래』. 나남출판.

정제영 외(2023). 『챗GPT 교육혁명: ChatGPT를 활용한 하이터치 하이테크 미래교육』. 포르체.

한국교육학술정보원(2023). AI 디지털교과서 개발 가이드라인. https://www.keris.or.kr/main/ad/pblcte/selectPblcteETCInfo.do?mi=1142&pblcteSeq=13722

한수미

한림대학교 디지털인문예술 전공 및 영어영문학과 부교수다. 서울대학교 영어영문학과 학사 및 석사(영어학)를 졸업하고, 미국 노던애리조나대학교에서 응용언어학 박사 학위를 취득했다. 서울대학교 대학영어 시간 강사와 광운대학교 영어영문학과 초빙 교수를 역임했다. 인공지능을 활용한 영어 교육은 물론, 인문사회계 전공생을 위한 프로그래밍 및 통계학 교육을 주로 담당하며 AI 시대의 인문사회계 융합 인재 양성에 주력하고 있다. 한국영어교육학회, 한국초등영어교육학회, 한국멀티미디어언어교육학회, 한국언어학회, 한국영어학회 이사 및 한국영어영문학회 대외협력위원회 자문 위원으로 활동 중이다. 역서로 『파이썬을 이용한 딥러닝 전이학습』(2019)을 출간했다. 코퍼스 언어학, 언어 평가, 컴퓨터 기반 영어 교육, 빅데이터 분석 등의 분야에 관한 연구를 KCI, SCOPUS, SSCI 등의 학술지에 게재했다. 현재 한림대 영어영문학과 학과장이자 '비전공자 대상 AI 코딩 교육 및 로드맵 개발 프로젝트'의 연구 책임자로서, AI 시대 인문사회계를 위한 효과적인 교육 방안을 활발히 연구하고 있다.